U0754484

真实的故事，
散文的语言，
实用的方法，
带你进北大！

来，拉你进北大

良石/主编

（北大历史系）
北大教授 唐利国　　北大教授 杜红林
（北大物理学院）

|特|别|推|荐|

台海出版社

图书在版编目（CIP）数据

来，拉你进北大／良石主编．－北京：台海出版
社，2017.8
ISBN 978-7-5168-1511-3

Ⅰ.①来… Ⅱ.①良… Ⅲ.①高中生－学习方法②高
考－经验 Ⅳ.①G632.46②G632.474

中国版本图书馆CIP数据核字（2017）第 174775 号

来，拉你进北大

主　　编：良　石

责任编辑：高惠娟　　　　　　　装帧设计：纸衣裳书装·孙希前
版式设计：水晶方　　　　　　　责任印制：蔡　旭

出版发行：台海出版社
地　　址：北京市东城区景山东街20号　邮政编码：100009
电　　话：010－64041652（发行，邮购）
传　　真：010－84045799（总编室）
网　　址：www.taimeng.org.cn/thcbs/default.htm
E-mail：thcbs@126.com

经　　销：全国各地新华书店
印　　刷：北京凯达印务有限公司
本书如有破损、缺页、装订错误，请与本社联系调换

开　　本：630×960 mm　1/16
字　　数：138 千字　　　　　　　印　　张：18
版　　次：2017 年 8 月第 1 版　　印　　次：2017 年 8 月第 1 次印刷
书　　号：ISBN 978-7-5168-1511-3
定　　价：29.80 元

[序]

来，拉你进北大

　　说到北大，我们首先想到的便是它的高高在上和遥不可及，以及那闻名遐迩的博雅塔和未名湖。

　　北大是我国国内的一流高等学府：2016年武汉大学中国科学评价研究中心大学排行榜中，北大位居榜首；2017年中国校友会大学排名中，北大位列第一。不仅如此，北大在国际上的影响也是有目共睹的：2016年CWUR全球大学排名中，北大位居第60；2017年美国USNews世界大学排名中，北大位居第53。

　　北大的校园环境风景如画，既有皇家园林的宏伟气度，又有江南山水的秀丽特色，亭台楼阁，山环水抱，湖光塔影伴随着大师的背影，正是燕园中最美的图画。著名的"一塔湖图"指的就是未名湖湖畔的景色。

　　正因为如此，北大成了不少学子梦寐以求的地方。

　　当然，我们也能听到不同的声音，比如有人说北大出来的大学生，有不少高分低能的人，毕业后工作平平，和普通大学毕业的人差不多。我要告诉大家的是，这种情况的确存在，但是如果你知道社会众行业中的领头羊大都来自北大时，你就不会以此作为不去拼搏的借口了。

邓稼先，中国核武器研制工作的开拓者和奠基者，为中国核武器、原子武器的研发做出了重要贡献，被称为"两弹元勋"。

冯友兰，当代著名哲学家、教育家，不少著作对中国现当代学界乃至国外学界影响深远，被誉为"现代新儒家"。

俞敏洪，新东方教育科技集团创始人，被称为中国最具魅力的校长。这个大家应该都不陌生，我们有不少孩子就在新东方上课外班。

李彦宏，百度公司创始人，我们每天都在用的百度搜索引擎就是他创造的。

屠呦呦，诺贝尔生理学或医学奖获得者，首获科学类诺贝尔奖的中国人，为中国医学界争得了殊荣。

撒贝宁，中央电视台著名当家主持人，主持风格深受观众喜爱。

……

除了他们，千千万万的重要岗位上，有多少北大人正在默默无闻地坚守着，因为那些工作离不开北大人。

现在，你还认为上北大和上普通大学没有区别吗？说句戳心的话，你不过是在为不想努力而找借口。

北大始终与国家和民族的命运紧密相连，那里聚集了众多优秀学者、专家，培养了众多优秀人才，创造了大批重大科学成果，影响和推动了中国近现代思想理论、科学技术、文化教育和社会发展的进程。进入北大，成为北大人，你收获的将不仅仅是知识，更是眼界。

世界上第一例人工合成牛胰岛素由北大人参与完成；世界上直径最小的单壁碳纳米管在北大产生；中国第一台百万次电子数字计算机在北大设计；锑、铕、铈原子量的国际标准在北大测定。就在最近的4月25日，2017"一带一路"国际文化遗产论坛—居延遗址申遗与"一带一路"建设研讨会在北大举行。近水楼台先得月，身处北大，你就能获得与来自国家相关部门的领导和专家学者探讨的机会，甚至有机会与国际学者、友人相互切磋。如果你身处普通高校，这样的机会不能说没有，起码会少很多。

除了科研交流活动，我最想说的就是北大的社团活动。比如，山鹰社、爱心社等，它们所从事的活动常常受到全社会的关注。"山鹰社"社员就曾先后登上了念青唐古拉、各拉丹东、玉珠峰、雪宝顶等十几座山峰，不仅产生了广泛的社会影响，而且对社员个人也是一个体力与意志上的挑战。

另外，北大的足球赛、篮球赛、排球赛非常活跃，这在增强学生体魄和团队精神的同时也增强了北大的凝聚力。北大还有一个"十佳"比赛，如校园十佳歌手大赛、十佳主持人大赛、十佳演讲比赛、十佳教师评选、十佳社团评选、十佳菜肴评选等，这些大赛每年都会向央视、凤凰卫视等全国性重要媒体输送人才。

　　成为北大人，你将经受别人可能经受不起的考验，你也将获得比别人更多、更好的选择机会。

　　北大人都知道，北大的办学理念是"以人为本"：大学，因大师而大，更因大学生而大。这从北大的校徽"北大红"上可见一斑。"北大"两个篆字上下排列，其中"北"构成背对背的两个侧立的人像，"大"构成了一个正面站立的人像。有人说，上面代表学生，下面代表老师，教师就是要甘为人梯；学生站在巨人的肩膀上，就是要青出于蓝而胜于蓝。因为这样的理念，百余年来中国几代最优秀的学者在此成长，他们丰博的学识、闪光的才智、庄严而独立的思想，与刚正不阿的人格操守及勇锐的抗争精神相结合，构成了一种特殊的精神魅力。这就是北大精神。

　　愿这种精神在你的身上得到传承与发扬！

▶ 北大，不是梦

　　校友门前，未名湖边，博雅塔下，一个令天下学子们多么魂牵梦绕的地方。多少人曾为实现这个梦寐以求的理想而奋力拼搏。然而，北大这座国内的一流高等学府，只欢迎那些优秀的人，以至于莘莘学子中不少人会用"梦"这个字来形容自己上北大希望之渺茫。

　　在大多数人心中，北大之门只为那些天才和学霸敞开，平时成绩平平的人是与北大无缘的。这话听起来很有道理，但也不尽然。因为就有那么一些平时并不出众的学子照样踏进了这座殿堂之门。他们当中有人曾经是"学渣"，有人曾经是"不良少年"，有人从来都不知道"第一"是什么样的感觉……

　　他们进入北大似乎是偶然的，但又是必然的——

　　说是偶然的，是因为他们大多数人的奋斗目标都不是北大，北大是他们做梦都不敢想的地方。他们好像是一不小心闯了进去，也似乎是他们运气好了一点，老天眷顾他们，又或许他们的进入是因为别人的失利。

说是必然的，是因为天底下没有不耕耘就可以收获的果实。如果看到他们在学习与成长的道路上走过的弯路，看到他们跌倒后是如何爬起来的，看到他们迷茫地徘徊在十字路口时是如何毅然地迈出第一步的，你就不会认为他们进入燕园只是侥幸而已。

当然，在挥洒无数汗水之前，他们经历了思想上的彻底蜕变。这给他们带去了"我要做"的想法。想做了，"我能做"自然不在话下。蜕变需要勇气，坚持需要毅力。能让他们发生蜕变并坚持不懈的到底是一种什么样的力量呢？是一个人，是一件事，是一句话，是一本书……仅此而已。

父亲的宽容和信任，让一个"不良少年"在一瞬间幡然悔悟。

老师的一席话，把一颗焦躁的心推入深深的海里，让他学会像企鹅一样深潜。

妈妈的陪伴，温暖了那一段不一样的岁月，给女孩带去了力量。

和同学赛跑，他却在不断超越自己。

……

这些，你都不缺。你不过对它们视而不见。

入选本书的11篇故事，篇篇生动感人。故事中的主人公和你一样普通，读一读他们的故事，其中的经验或许可以引领你成功逆袭，走进北大。故事散文式的风格，能让你一边读故事，一边享受散文的语言美。试试吧。不试，怎么知道不能呢？

我的成功，你可以复制

成功没有固定的模式，也没有一模一样的方法，明确的目标和不懈的努力却是每一个成功者不可或缺的两样公开秘诀。之外，方法是利器，我的方法不一定都适合你，但你可以借鉴与实践，添枝去叶，找到最适合自己的那个方法。目标，努力，方法，我的成功之法，你都可以拿去。

我是谁？李孟泽，周丽蓉，杭雅伦，田佳轩，赵威，江雨荷，陈柱玲，王艺楠，王紫薇，王宇，李祎雯。

李孟泽

吉林省白山市第二中学走出去的
"北大人"

　　企鹅捕食的秘密是深潜。懂得了这个道理，我也开始学习深潜，学着不去关心更不嫉妒别人花园里的花开得多么灿烂，只关注着自己的小花园，每天"耕耘""施肥"。我相信，我的每一次"劳作"，都是在像企鹅一样深潜。

　　作为一个北大老学姐，我的建议只有四句话："耐得住寂寞，坐得住板凳，稳得住心神，守得住自我。"泪笑三年，愿所有的学子都可以无怨无悔。

院系：2015级北京大学历史学系。

高考战绩：2015年吉林省高考文科第132名。

学习方法：重视基础、重视课本，打好数学学习的根基；合理选择教辅，学
　　　　　　会重点突破；记录错题，把错题本当作练习册。

　　　　　　语文答题要掌握"套路"。

　　　　　　做英语"基础派"，拼单词和语法。

　　　　　　不论哪一科，书写一定要规范，这要在平时就练习。

座右铭：脚踏实地，仰望星空！

一句话看自己：苦练飞翔的笨鸟。

周丽蓉

湖南省凤凰县华鑫实验中学走出去的"北大人"

有一句话说"我只怕我所受的那些苦不值得",我也曾经有过这种担心,所以总是犹豫不决,迟迟不肯迈出前进的步伐。然而我的经历告诉你,你的苦不会白受,每一份努力都有收获。数千个奋斗的日子累积起来,一定可以成为你的独一无二的故事,将你"摆渡"到高考这条河的对岸。等你回头看时,路上的荆棘会变得毫不显眼。

大千世界，我们都是自己故事的主人公。我相信并且期待看到，"你在满座喧嚣将盛开的雍容引爆"。女孩们，男孩们，怀着你们的独特英勇踏上远行的路，去造访属于你的那颗星，行崎岖而唯美的路，做一个暖色的梦。

院系：2016级北京大学历史学系。

高考战绩：2016年湖南省高考文科第39名。

学习方法：高考题无论做多少遍都是有意义的，一定要把每个题都研究透。

做习题不求多，但求精。

一定针对错题建立自己的错题本，同时制定计划复习错题。

座右铭：不必害怕，这岛上众声喧哗。

一句话看自己：浑噩自知。

杭雅伦

北京市中央民族大学附属中学走出去的
"北大人"

　　有时候，我觉得自己像是生活在别人的梦里，就像当初燕园的人们生活在我的梦里一样。但经历了这几年的奋斗，我越来越认识到自己的平凡与幸运，越来越不喜欢把自己装裱到一个金光闪闪的名字里。因为我们，我和我身边的人，都只是普通的孩子，都爱哭爱笑，都相信梦想，都有过失望和彷徨，却始终相信着想要相信的。北大从不是一个梦境，而是那样触手可及地真实地存在着，它的实现，只有敢不敢，没有能不能。希望你们能和我一样，跨过障碍，来看看，未名的玉兰。

院系：2015级北京大学法学院。

高考战绩：2015年北京高考理科第101名。

学习方法：每天晚上开始自习前定下能达到的目标，做完后打勾激励自己。

　　　　　　练习不重数量，在于把对知识的理解一刀刀剖开，揉碎了记到脑子里。

　　　　　　把每种练习册买两本，一本用来写，一本用来裁剪错题。

　　　　　　刷题与文学、摄影相结合，让枯燥的日子变得生动。

座右铭：在黑暗中睡着，在光明中醒着！

一句话看自己：做了选择，就不会后悔。

田佳轩

宁夏六盘山高级中学走出去的
"北大人"

"当你的才华还撑不起你的野心的时候，你就应该静下心来学习；当你的能力还驾驭不了你的目标时，就应该沉下心来，历练；梦想，不是浮躁，而是沉淀和积累，只有拼出来的美丽，没有等出来的辉煌，机会永远是留给最渴望的那个人。学会与内心深处的你对话，问问自己，想要怎样的人生，静心学习，耐心沉淀。"

这是支撑我高中三年的一段话。送给你们。

院系：2016级北京大学历史学系。

高考战绩：2016年宁夏回族自治区高考文科第64名，国家专项地区第6名。

学习方法：最好的方法——超越自己。

比别人多付出一份努力。

发挥强科优势，不放弃弱科。

做一个专业的考生，了解一张试卷的布局、命题的核心思想、批卷人最想要的答案。

座右铭：能作茧自缚，必能破茧成蝶

一句话看自己：面对充满挑战的百变人生，曾未畏惧！

高考考的不是智力，考的是意志力，这一路上确实很艰辛，但是只要勤奋，只要能在想放弃的时候坚持住，你一路上的准备就不是白做的。开弓没有回头箭，争取破敌防卫线！借用一部国产剧主题曲中的几句歌词送给你：相信自己的身体总带着潜在的能力，当你遇到困难的时候，第一个想到的就是奋战到底，要在恶念打击之前拿出最大的能力反击，最终的胜利一定属于勇敢的自己！

院系：2016级北京大学环境科学与工程学院。

高考战绩：2016年安徽省高考理科第265名。

学习方法：勤能补拙。

　　　　　　专心做好手头的事。

　　　　　　光靠刷题是不够的，还要每天归纳错题，记录到总结本上，做到举一反三，触类旁通。

座右铭：不在沉默中爆发，就在沉默中灭亡！

一句话看自己：认真，自信，无愧于心。

赵 威

安徽省灵璧中学走出去的
"北大人"

江雨荷

安徽省六安市六安一中走出去的
"北大人"

　　我曾经挥霍过两年的青春，但是未名湖水还是搅动了我的心湖，于是怀着"有梦就别怕痛"的激情启航，与自己展开了一场博弈，期盼着风雨过后的彩虹。幸运的是，我看到了彩虹。但这不是我命好，是我在船快要沉下去的时候，懂得只能自己拯救自己。

　　我套用七月六日NextDay中的一句话送给你们：当你的岁月酝酿成红酒，仍可一醉自救。再或者，我希望我的过去、现在，甚至是未来可以是这个样子：

　　酿岁月成酒，把酒祝东风，且与天地共从容。

院系： 2015级北京大学口腔医学系；国家发展研究院经济学专业。

高考战绩： 2015年安徽省高考理科第92名。

学习方法： 数学：一边刷题，一边总结。

　　　　　　理综：记熟公式。

　　　　　　语文：平时多读书，答题讲技巧。

座右铭： 能作茧自缚，必能破茧成蝶！

一句话看自己： 明天，一切都会好起来。

你也许明明努力了，还是觉得没有改变；你也许明明用心了，还是灰头土脸，你给自己贴各种标签——学渣，无能……可是你别忘了，每个人都是平凡人，都在平凡地奋斗着，你的成绩一定源于你的努力，你的坚持一定会有结果，你走得路无论是长是短、是弯是曲，都在磨砺你。只要，你还信自己，成功就在不远处等着你。

院系：2015级北京大学中文系。

高考战绩：2015年云南省高考文科第32名。

学习方法：要努力，否则连失败都不配。

　　　　　　把每天要完成的任务写在纸上，贴在桌子上。

　　　　　　语文狠抓选择题，每天坚持练。

　　　　　　数学错题抄到错题本上，各种题分类集中，不同类型都分开，时常拿出来复习。

　　　　　　英语每天狠抓记单词，同时记搭配和组合。

座右铭：没有梦想，何必远方！

一句话看自己：没有不可能。

陈柱玲

云南省会泽县茚旺高中走出去的
"北大人"

王艺楠

江苏省海门中学走出去的"北大人"

经过高中生活，跨进大学校门，回头看过去的自己，梳理过去的时光，发现过去的自己和现在的自己存在些许不同，你可以将这称为岁月，称为历练，称为成长。而我，更倾向于把这个转变的过程比作"火中取莲"。因为这一路上，充满黑暗，而我们必须前行，而且有些弯路非走不可，但是我坚信汗水永远不会被辜负，努力后的逆境一定有转机。

然而，当炽热的火焰变成温热的灰烬时，很多人已经忘记灰烬之下还有洗尽铅华的白莲，如同很多人不会再回头细想过去的时光，不会尝试着重新思考一样。而浴火后的白莲很美，愿你和我都不要错失这样的美。

院系： 2015级北京大学法学院。

高考战绩： 2015年江苏省高考理科第67名。

学习方法： 厚积薄发，轻松应对语文阅读理解。

写作文，一半靠积累，一半靠技巧。

重视错题本，它的最大的作用不在于记录错题，而在于提高错题回顾的效率。

和同桌PK，这是一个好办法。

座右铭： 事在人为！

一句话看自己： 还需努力。

王紫薇

新疆哈密地区二中走出去的"北大人"

　　生活，并不仅仅是学习。我一直在保证身心健康的前提下努力学习，我喜欢自己的学习方式和节奏。虽然我并不算刻苦，但我喜欢这种高效而愉快的学习方式。如果可以，你也试试。衷心祝愿曾经或正在经历逆境的学弟学妹们，不管遇到顺境还是逆境，都要永远相信：这个世界有爱，有温情，有正能量。在被各类茧所束缚的时候，让我们默默地拭去泪水，积攒力量，走出自我的阴影，微笑着迎接阳光，破茧，成蝶。

院系： 2015级北京大学历史学系。

高考战绩： 2015年新疆维吾尔自治区高考文科北大自主招生30+10分，博雅计划20+10分。

学习方法： 排练大合唱的间隙，等电梯的时候，去上学的路上，一遍又一遍背古诗文和英语笔记。

在课间整理上课讲过的错题，

在练习题中搜索与作业中不会做的题目相似的题，然后举一反三。

座右铭： Veni, vidi, vici.

一句话看自己： 积极上进。

王 宇

河南省光山县第二高级中学走出去的"北大人"

　　我们虽然不是只为自己而活，也牵动着周围的很多人，但是关系到人生中十字路口的重要抉择时，我们还是要慎之又慎，因为十字路口的每一步都有可能改写你人生的轨迹，所以我们要学会为自己的未来打算。每一个人在达到自己的理想或者目标之前都会付出相应的努力，我们也不例外，如果你真的想坐享其成，除非你有资本抑或是你就打算自暴自弃地窝囊一辈子。我始终坚信，"越努力越幸运"，希望你和我都能成为那个幸运的人。

院系：2015级北京大学法学院。

高考战绩：2015年河南省高考文科第28名。

学习方法：文综是文科生的半壁江山，学好文综，最重要的就是背书。

文综高考题都来源于课本，但又高于课本，所以静下心来研究课本，课本里面有很多答案的及被忽视掉的重要知识点。

列提纲是系统学习文综的有效方法，可以避免知识点的遗漏，也便于背诵，尤其在考试时有利于进行快速的知识筛查与迁移。

经常翻看笔记本和错题本，巩固记忆，加深理解，把本子上的内容转移到脑海里。

牺牲玩的时间，在被窝里打手电筒学习。

座右铭：越努力，越幸运！

一句话看自己：拿得起，放得下！

李祎雯

江苏省南通市通州高级中学走出去的
"北大人"

　　虽然努力了，但我在高考中发挥得并不出色，不过是凭借自主招生加分进了北大，所以远远做不到任性地决定自己想去哪里，但我仍然记得高中三年被我放在相框里、摆在书桌上的那张北大的明信片，以及高三百日誓师的时候我在全校同学面前大声喊出了"我要上北大！"

　　只要你想，你也可以！

院系： 2016级北京大学历史学系。

高考战绩： 2016年江苏省高考文科第138名。

学习方法： 语文、英语学得比较好，在稳住成绩的同时，把重心移到数学上。重视纠错，把每天做错的题目都抄下来，不看答案重新做一遍，甚至找到以前的错题，重新翻出来整理，并把相似类型的题目标注出来，方便以后翻看。

座右铭： That I exist is a perpetual surprise which is life.

一句话看自己： 我的努力，配得上我的运气。

目 录/Contents

Part 04

④ **能作茧自缚，必能破茧成蝶** \ 田佳轩

Part 05

五　**如梦初醒** ＼赵威

Part 06

（六）**且与天地共从容** ╲ 江雨荷

Part 07

七 **四年一梦** ＼ 陈柱玲

Part 09

九 破茧成蝶 \ 王紫薇

Part 11

⊕⊖ 橡实的力量 ＼李祎雯

一

像企鹅那样深潜

Part 01

来 ， 拉 你 进 北 大

这不是一个天才少女轻松问鼎的故事。

这是一段关于"笨小孩"

一步一步缓慢而踏实地走向梦想王国的历程。

自卑，焦虑，失望，困惑，崩溃，这些曾经交织在一起，

让她迷茫、痛苦、不知所措。

是一只笨拙的"企鹅"救了她。

这只企鹅不会飞翔，不会游泳，但它会深潜……

李孟泽

2015级北京大学历史学系
2015年吉林省高考文科第132名
座右铭：脚踏实地，仰望星空
2016年获"北京大学三好学生"称号

不知不觉，未名湖的草木已经染上秋色，我第二次见到燕园的秋天。嗅着空气中银杏的气味，我才突然意识到，自己来到北大已经一年多了。而三年前，绝对不敢想象，出生于偏远小城的我竟然会有这样一天：骑着自行车穿梭于宿舍和教室之间，身边环绕着太阳般闪光的同学，聆听着全中国最优秀的师长的教诲，静静地在图书馆晒着太阳看着书……

而这一天的到来，也是那么的自然，因为我不停地告诉自己："加油！做一只企鹅！"

做太阳，不做电灯

⊙ "兵荒马乱"的夏天

说起成长经历，太久远的记忆已经模糊，只依稀记得2009

年的八月份，我正式成为了一名初中生。在这之前的小升初考试，我的成绩让妈妈大失所望。全市前二十名可以免费进入全市最好的初中"外国语初中"，而我却必须缴纳近一万的择校费。带着沮丧、忐忑和一丝期待，我升入初中。

进入初中后，本来就因为小升初成绩耿耿于怀的我很快就遇上了我整个初中生涯最大的挑战——英语。作为一个从小几乎没怎么接触过英语的孩子，竟然选择进入一所"外国语学校"，挑战之大可想而知。面对各式各样符咒般的英文字母，我不只是心烦意乱，甚至产生了抵触心理。虽然初中学习的只是最简单的语法和单词，但我仍然一窍不通，那些可以说一口流利英文的同学更是让我望尘莫及。

最具戏剧性的"情节"是，对英语一窍不通的我在第一次月考中竟然取得了全班第一的优秀成绩。这让我自满起来。"虽然我的小升初成绩糟糕，虽然我对英语几乎一窍不通，可是这又有什么大不了的呢？"我开始对英语不以为意甚至有些轻视。我以为凭着其他科目的优势我就可以"平"了英语这个"大坑"。

然而，生活就是现实，永远不是做梦。在接下来的几次测验和月考中，我的成绩快速下滑。根本原因是英语的成绩太低。卷子上一个又一个的红叉是那么刺眼，一个又一个的低分让我失去骄傲的资本。于是，我想，"只要我上课认真听应该就可以了吧。英语成绩不好只是因为我还没努力呢。"曾经的我认为，凭借着自己的"聪明"脑袋，英语这种科目肯定一学就会。但在认真听了一个阶段的英语课之后，我的英语成绩还是毫无起色——既没有动漫主角般的逆袭，更没有众人的刮目相看。

我仍然记得初一夏天的期中考试。班级里一共50个学生，我的英语单科排名是32名。我看着成绩单，不知所措。当卷子发下来的时候，脑袋里"嗡"的一声，一片空白。让我看淡成绩，目空一切我做不到。我平静地收起卷子，走出班级，走到空荡荡的卫生间里。走廊里是同学追逐打闹的声音，我把自己反锁在卫生间，号啕大哭。我捂住嘴巴，不让自己发出声音，但是眼泪却不受控制。这个糟糕的成绩如同一个耳光，打疼了我，也打醒了我。我不是什么聪明孩子。我只是一个普通人。

当天晚上，带着冲动和鲁莽，我去书店买了7本英语练习题。我当时心里只有一个信念："别人能学好的东西，我也能学好。"同时做7本英语练习题谈何容易。我记得那个夏天，闷热的空气和做不尽的完形填空。无数个"am, is, are"和吵闹的蝉鸣混杂起来。我却只想着：如果上课认真听还不足以弥补我以前欠下的"英语债"，那么就算是做10遍，做20遍同样的题，我也要把答案记下来。我想要高分，想要高分。

但是，事情并不是只要下决心就会有成果。很多故事的结局是"靡不有初，鲜克有终"，学习英语也是如此。事实上，在我刚开始疯狂刷题的时候，我的英语成绩依旧是那么糟糕。看着提不上去的成绩，我想过"算了吧，可能自己就是学不好。放弃算了"。可是，我不甘心。不甘心自己付出了却没有回报，不甘心承认我不如别人。于是，我把英语单词抄在小本子上，等公交车的时候背，做课间操的时候背；我把练习题一页页撕下来随身携带，有时间就做一两道；每天的英语课上我不再心不在焉，昏昏沉沉，我也不再凭借小聪明"骗取"听写本上的高分。

至今为止，我还记得背不下单词的那种焦虑，记得面对一个又一个红叉的失望，记得每一次的沮丧和不甘心。我在心里一遍一遍地问自己"为什么别人行，你就不行！"一个又一个的夜晚，顶着英语的压力，我抹干眼泪，深吸一口气，继续做题。我相信，如果努力了还没有成效，不是因为方法不对，就是因为你还不够努力。一个学期之后，我的成绩上升了二十名。初一下学期期末考试，我的英语成绩傲居全班第一。当老师发下榜单的时候，我看着成绩，心里异常平静，没有我曾经幻想过的狂喜，甚至也没有炫耀的欲望。因为我知道，这个成绩是我应得的回报，我也知道，为了这个"回报"，我努力了多久，多少。

这个混乱的、喧嚣的夏天是我难以忘怀的痛苦却庆幸的时光。直至今日，我依然能回想起我面对低分时的自卑和失望。低分得多了，我甚至开始怀疑自己是不是就是比别人差。值得庆幸的是，我很快就从这种情绪中抽离出来。取而代之的是无尽的忙碌。我很庆幸，当时的自己没有因为这一点小事而放弃，正因如此，我在之后的日子里英语成绩能一直名列前茅。英语成为我进入北大的助力。

⊙ **像企鹅一样深潜**

如果给我的上一段经历加一个总结，那么应该是"努力"。而我接下来要讲的则是"心态"。

刚进入高中的时候，我成绩优秀，总分数比第二名可以高出十分二十分左右。文理分科时，年级主任劝说我学习理科，我却因为考虑到一直不理想的数学成绩和对文科的兴趣毅然决然地选择了文科。我理所当然地认为我应该是文科班的领头羊，是佼佼者。然而，我却又一次地失算了。

到文科班之后的第一次考试，我是第二名。之后的数次考试中，我从未得过第一。刚上高中时的荣耀与光环慢慢离我远去，那段时间，我的情绪非常低落。我从小就是一个容易走极端的孩子，轻易地自满而又轻易地自卑。我后悔了，后悔学文科。"兴趣什么的算什么，我只想要回我的骄傲。"尽管心里偶尔会这么想，我却不愿意承认这个事实。直到那天晚上，在走廊碰到年级主任。老师看着我忧郁的面色，用近乎冰冷的语调说出那个陈述句："你后悔了。"我愣住了，紧接着就是泪水的决堤。

我突然想起刚到文科班的第一场班会，班主任说"数学是文科生的翅膀"。我明白这个道理，但又能怎样？数学和英语不同。就算我做10本、20本的练习册，我也不能一下子学会"举一反三"，也不能一下子就有老师说的"数学的灵气"、"数学的感觉"。我心里愤愤不平却又无可奈何。到文科班之后，每次榜单上的数学成绩我都比第一名低20分左右。120分的卷子，我只能勉强达到100分出头；150分的卷子，我只能勉强达到120分。确实，我因为数学成绩而忧心，但更让我难过的是名次的下降，是我膨胀的虚荣心一下子不再被满足。当天晚上，年级主任找我谈了一晚上的心。

老师问我："你是想做太阳还是电灯？"

我愣了一下，说：

"太阳。我想做太阳。"

"人人都想做太阳。但是尖子生往往不会控制自己的光芒。电灯的光是短暂的，要做太阳就要学会控制光芒，让自己慢慢燃烧，慢慢闪耀。"

老师对我讲："企鹅是一种不会飞翔，也不会游泳的鸟，它非常笨拙。你知道这样笨拙的企鹅如何捕食吗？"

我摇头。

老师说："企鹅捕食的秘密是每当它下水的时候，它就把自己扎进水里，尽力地往下潜。潜得越深，水提供的力量就越大。当足够深的时候，水会把企鹅弹回岸上，这时候的企鹅已经得到了想要的猎物。我希望你做一只企鹅。"

老师的话如同一声钟鸣，震醒了我混沌焦躁的心。我突然觉得自己之前的痛苦和纠结毫无意义。一时间的名次高低算得了什么？一次考试的胜负又算得了什么？仅仅为了小小的虚荣心而已。我若想成为太阳，就不能太快燃烧，优秀的拳击手在出拳的同时也要学会如何收回自己的拳头，为下一次的出拳积蓄力量。从那以后，这句话时时刻刻萦绕在我的心头："做一只企鹅，要像企鹅那样深潜！"

于是，我开始走出被虚荣心控制的生活，开始抛弃那些纠结。是的，我在学习深潜，学着不去关心，更不嫉妒别人的花园里的花开得有多么繁盛，而只关注着自己的小花园，只关注着每天的"施肥"与"耕耘"。每一次的"劳作"，我相信，都是在深潜。

⊙ 尽十分的努力，求八分的结果

回首高三，虽然枯燥，虽然辛苦，却不后悔。我一直相信着"尽人事，知天命"。我要做的只是用心栽花，花最终开成什么样子是有运气成分的。如果碰巧我种下的是仙人掌的种子，那它可能怎么也不会开花。但是，我为了使花朵盛开而付出的努力绝对不是白费，这些努力会在不经意之中给予我帮助，让我离梦想更进一步。

高二下学期，即将进入高三的时候，因为一直名列前茅，我得到了一次极为宝贵的北大夏令营的机会。

依旧是夏天，我带着无知和期待来到北大。第一次见到北大，仿佛看到一个多年未见的老友，一草一木都有一种自然的熟悉感。我为名师的谈笑从容而神迷，我为辅导员师兄的翩翩气度而沉醉，我为北大空气中弥漫的自由与民主而深深折服。博雅塔下，未名湖畔，静园青草，红楼明月……这一切对于我来说既新奇又美好。

然而，这次夏令营不只是让我来欣赏美景的，它最重要的部分是夏令营最后一天的考试。看着身边来自各大名校的优秀同学，我对自己的成绩并没有抱太大的希望，心态自然也是很轻松。但我依然秉持着"要么不做，要么做好"的信念，对这场考试认真对待。

如同魔法，11月份的一个晚上，刚刚吃完晚饭的我冒着风雪回到班级。脸颊被风吹上的红色还没褪，班主任老师就神神秘秘地叫我出来，说要跟我谈谈。我惴惴不安地跟在老师后面到了走廊，琢磨着"难道我忘了

▶夏令营定向参赛时奖励的本子

交作业？还是和同学聊天被老师看到了？"老师笑着告诉我，校长收到了北京大学吉林招生办负责人的短信，短信中说我的成绩非常优秀，期待我将来有机会进入北大学习。老师说："你是这场考试的第一名。"打败了东北师大附中、吉大附中的尖子生，我竟然是第一名！我当时又震惊，又开心，恨不得立刻奔回家告诉妈妈。我竟然做到了！我竟然真的可以！

这次考试改变了我高中的运行轨迹。因为这场考试的优秀成绩，我得到了参加北京大学自主招生考试的资格。自主招生考试中的表现给我赢得了线下30分加分的优惠。这在吉林省来说，是北大给文科生的最大优惠。这些都是后话，但当时的我即使知道自己取得了好成绩，也依然没办法在越来越临近的高考面前稍有放松。

高中三年的时间其实特别短暂。在面对高考的时候，我总想再要一个月，背背公式；再要几个星期，再背一遍哲学和历史；再要几个小时，过一遍书上的古诗；就算多几分钟也是好的，至少可以再背几个英语单词。那段时间，我总感觉自己还没有全副武装，总觉得自己还没准备好。

最让人头疼的还不是这些。面对高考时的恐慌和不安简直要把我压倒。随着高考的临近，作为被老师寄予厚望的尖子生，这份恐慌对我来说感受更加强烈。越临近高考，越觉着自己什么都不会，越感受到身边亲人的压力和自己给自己的压力，那一份份压力让自己喘不过气。在高考前的一个月，因为一次模拟考试中我的成绩降为第二，校长特意找我谈了话。谈话的内容让我觉得可笑——"你这次考了第二名，有没有心情很不好？有没有觉得有压力啊？"本来自己压力就很大，校长一问，我更是一时语塞，答不出来。可能是没有准备好，可能是过于紧张，可能是运气，有好多好多的可能……是的，我高考失利了。不是市状元，也不是省状元。我考出了我高中三年最差的成绩。

出成绩的那天晚上，妈妈用紧张得颤抖的手指拨通查询电话。当冰冷的智能音不带丝毫感情地报出我糟糕的成绩时，我没哭，妈妈的眼泪掉了下来。她立刻给爸爸打了电话。后来听说，爸爸接到电话后在办公室里大哭。

面对这种状况，我最开始也很难受，紧接着的却是愤怒。我对这个成绩愤怒，对父母的失望愤怒，对自己的无力愤怒！我还没哭，你们为什么哭？！爸爸说，他为我觉得不值，我那么努力，几乎是拼了命去学，却只得到这样的成绩。出成绩之后，按照传统是需要回学校和老师商量报考相关事宜的，全班只有我没去。我躺在床上，什么也不想做，什么也不想吃，只是静静地，孤单地，流着眼泪。

然而，希望总是蕴含于黑暗当中。自主招生的30分加分帮助我进入了北大。报考时，六所志愿学校，我只填了北京大学。抱着破釜沉舟的心情，我想着："如果去不了北大，我就复读！"但很幸运，我被北京大学历史系录取了。

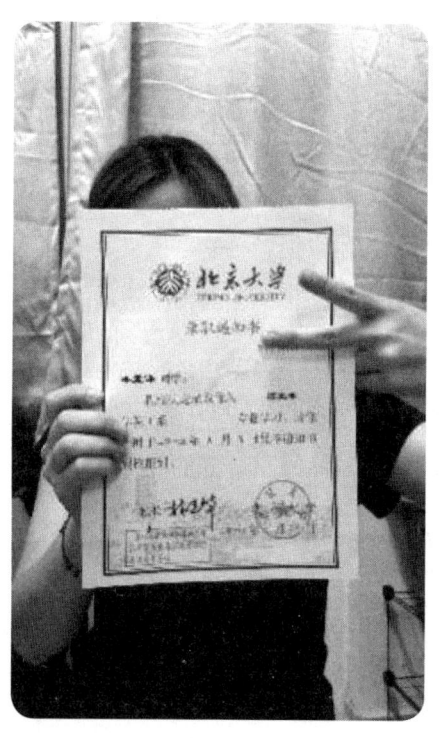

之后，我与已经工作的姐姐聊天。姐姐说："世间万事都有波折，怎么会一帆风顺呢。你要把心低到尘埃里，才能在尘埃里开花。尽十分的努力，只要得到八分的结果，你就应该知足。至少你得到了结果，至少你的努力还有些作用。"

◀成为"北大人"

⊙ 花都开好了

刚刚被历史系录取的时候，我收到的不是身边人的祝福，而是大家的安慰："没事的，历史系也挺好的。"大家的安慰让我哑然失笑。但是如果问我"为什么学习历史"，我却一个字都答不出来。然而，在历史系学习了近两年后，我心里有了答案。

"为什么学习历史？"

"因为它就在那儿。"

钱穆先生在写《国史大纲》时曾说，要写一本有"温情"的历史书。在中国人被视为东亚病夫的时候，在中国风雨飘摇的时候，钱穆先生要以一介书生之力担起中国人对历史的温情。中国灿烂的历史告诉国人，我们并不比西方差。时至今日，我们仍然需要历史，仍然需要有人去讲述历史。历史不比经济、法律，它在很多人眼里可能并没有什么"用处"，但庄子曾说："无用之用，乃为大用。"学习历史的人身上可能有过多"理想主义"的光辉，但是，在这样浮躁的时代，有汲汲名利者，就必有安于一隅者；有追求功名者，就必有痴心学术者。这个时代不仅仅需要建设物质的人，也需要一些人来给大家指明前行的方向。

是啊，历史系并不是大家争抢的热门之处，却是可以认认真真地读些书，做做学问的地方。这里有真正致力于学术的老师，也有着同样好古的伙伴。得学如此，夫复何求？

经过三年的付出和努力，我看到了我的花园，花都开好了。它们可能不是雍容华贵的牡丹，也不是娇柔美艳的玫瑰，而只是普通的牵牛花与太阳花，但我已经满足。因为这三年的求学，甚至这十二年的求学，让我真正明白了姐姐所说的：尽十分的努力，求八分的结果。花开如此，我心无尤。

翻开高中时记的日记，很多内容让我哑然失笑。整本日

▲像花儿一样

记里密密麻麻地写满了心灵鸡汤和状元故事；写满了"加油！你能行！"；写满了"辛苦是因为在走上坡路"；写满了"像企鹅一样深潜！"遇到失败，我写；遇到挫折，我写；遇到沮丧，我写。我重复地写，重复地告诉自己，我可以做到的。

正因如此，再回首过去的时候，我能笑着讲述曾经的失败，能平静地对待高考的失利，能做到孔子所说的"不怨天，不尤人"。因为我知道，我已经尽力去做了。别人的评论与我无关，我只要做好自己。我的一切不过是别人茶余饭后的谈资，于他人而言，不过是故事；而在我看来却是实实在在的快乐与痛苦，是再真实不过的生活。生命如此短暂，我要尽力去过好每一天。还是那句话"尽人事，知天命"。

经历过高考，我才真正明白了陶渊明所说的"纵浪大化中，不喜亦不惧"，才真的学着去放下自己的虚荣与骄傲，仔细品尝生活的滋味。将姿态低到尘埃里，于尘埃中开出花朵。

"笨小孩"也有"葵花宝典"

高中是人生的一个转折点，它可以说是每个学生学习生涯中最重要的时期之一。高中之后，我们将走向大学，走向社会，走向工作。高中的学习水平对将来的就业和今后的人生道路都会有比较重要的影响。然而，与初中不同，高中的学习不仅仅需要认真和努力，掌握一定的学习方法和技巧也相当重要。我相信，高中99%的学生都是普通人。因此，我要讲的一些学习方法，一些心态调整的技巧，比起1%的"天才少年"，可能更适用于99%的普通孩子。

⊙ 从数学"后进生"到高考143分

对于大部分文科生来说，数学是一个大难题。很多学生之所以选择文科，主要是因为数学或者其他理科科目不是很占优势。当然也有一些文科生的数学很有天赋，选择文科仅仅是出于兴趣。不管怎么说，数学的重要性怎么强调都不为过。

我本身是一个数学起点很低的孩子。从小学起，数学一直垫底。高一刚刚转文时，数学曾考出80、90的"佳绩"。然而，即使是像我这样的数学"后进生"，也凭着努力和技巧，在高考中拿到了143分。可能并不高，但我已经知足。

说起数学，首要的还是上课听课。听课是最重要的部分，然而却是最容易被忽略的部分。很多人不知道什么是"认真听课"。在老师讲完课后，很多同学嘴上说着听懂了，但问他老师上课讲了些什么，他却支支吾吾说不出来。那怎么才能"听好课"呢。我要强调的仍然是课前预习，课上认真，课后复习，这一套被说滥了的模式。

课前预习，不一定非要仔仔细细地看，大概浏览一遍书上的内容。对于一眼看上去就很难理解或者本课的重点内容要格外留意。这个过程其实只需要10-20分钟。

课上认真，最好能做到整节课40-50分钟集中精力。但是这往往是很困难的。因此，至少要做到对自己预习中不会的内容和本课的重点内容聚精会神。

课后复习，就是在结束一天的课程后先做完作业，把作业中的疑难问题重点标记。之后尽量看一下教辅。目前市面上盛行的"薛金星""王后雄"都是不错的选择。学生也可根据自身情况来选择教辅。

另外，我建议数学成绩不太理想或者是学习数学比较吃力的同学在做作业时先做数学，把一天中大部分时间、整块时间留给数学。这一套模式虽然老套，但却是最有用的。重视基础、重视课本，才能打好数学学习的根基。

其次，合理选择教辅，学会重点突破也很重要。教辅是数学学习中非常重要的辅助工具。课本是基础，教辅是拔高。很多同学在选择教辅时容易随"大流"，往往是尖子生买什么我就买什么。但是每个人的学习习惯不同，学习水平也不同，同样的教辅，不同人看也会看出不同的重点。我建议选择教辅时要亲自去书店翻翻，对于书架上的几类教辅都亲自甄别一下。比如，"王后雄"注重拔高，经常会出现一些难题；而"薛金星"相对基础，很多题型是经典的，常见的。这时候就需要根据自身情况来进行选择。

另外，一定要重视错题。可以专门拿出一个本子来记录错题，把错题当作练习册。每周积累的错题在周末的时候重做一遍。做对了的题可以划掉，做错的题在下一周重做，直到做会为止。很多学生依靠题海战术，刚刚接触新课就急着做题，最后结果往往提高有限。问题就出在一是没有重视夯实基础，二是没有重视已有的错题。在高三总复习时，错题本更是"编筐

"织篓"的"收口"关键。因此，平日记好错题本是非常重要的。

最后，数学是文科中比较有技巧性的科目。第一，选择题和填空题不要当成大题来做。一定要学会利用"排除法"。比如选项中出现"x＞1"和"x＞2"两个选项时，就用"x=1.5"来试试排除。把选项当作已知条件，就会有很多难题迎刃而解。第二，要重视"数形结合"。椭圆和双曲线往往是压轴大题。而对于这两类题，最重要的就是"数形结合"。方程实质是线的变换，很多式子转化成图像会更加直观地得出答案。即使到了大学，在学习微积分时数形结合依然有用。身边的很多数学大牛可以把纸面上的式子变成脑子里立体的图形，因此做题又快又好。第三，要学会从出题者的角度想问题。比如三棱锥的体积，"1/3"比"1"

的可能性更大，因为三棱锥体积要乘以1/3是一个比较基础的考点。摸清每道题的考点，俯视卷子而非仰视它，就会获得更多的乐趣和成就感。

⊙ 语文不好，有技巧就有希望

与数学不同，语文的学习更需要积累。很多语文学得好的孩子往往从小就喜欢读书，语文成绩一直不错。同学们可能会问："如果我语文一直不好，是不是高考中就没有希望了呢？"并非如此。

语文要想学好，课本是基础。大部分学生至少还会翻翻数学课本，背背公式，做做习题。但是语文课本除了上课和背古诗之外就再无用处。很多同学的语文课本干净得和新书一样。但是试卷中的诗词鉴赏考点、文言文生词、小说的解题方法往往出自课本。曾经有一年的语文文言文高考题中的翻译采分点就出自《离骚》。通过老师课堂的讲授掌握诗词分析和文言文翻译、小说解读的基本方法，然后再付诸试卷实践往往会事半功倍。

其次，语文答题也需要掌握一些"套路"。语文是三主科中最"文"的一科，在答题上也最需要语言规范化。以诗词鉴赏为例。诗词鉴赏中"边塞诗""思乡诗""贬谪诗"等，不同主题的诗词有不同的固定语言。比如说"边塞诗"可能大部分都反映了诗人报国之志，捐躯之愿。或者反映了对国家的忠诚，对侵略者的憎恶等等。诸如此类，尽是套路。

文言文翻译最重要的是读懂文章，在翻译句子中一定要"直译"。一些重要的采分点，比如说虚词中的"而"，程度副词中的"颇"，实词中的"便宜行事"等，一看就是重点。因此，遇到这些词汇千万不可含糊带过。小说和传记也有固定问题和固定模式，在没有思路或者时间紧张的情况下即使照着套路往上套也会得到一定的分数。至于作文，创新性固然重要，但是形式的美感也不可缺少。合适的小标题，段落的开头和结尾，排比句式的运用都是很出彩的加分项。

最后，书写规范和字体一定要重视。当然，分点分条答题和书写工整是几乎所有老师都会强调的，我在这里就不多说。只想提醒一点，答案一定简洁，切忌答得过多。很多同学在答题时觉得给出的空间不够，不是再自行"增加"两条横线，就是把字写得又密又小。我建议，在落笔之前先组织好答案。答完之后如果不是必要，就不要再增加内容。答案过多往往给老师增加负担。一份"清凉"的试卷往往会得到不错的分数。

⊙ 做英语"基础派"，拼单词和语法

英语和语文有相似之处。二者都是语言，都可以用零散的时间来学习，都强调日常的积累。作为一个"基础派"，我首先要强调的还是基础。对于英语来说，基础就是单词和语法。可以说，不懂单词，不会语法，就没法读懂文章，更不用谈答好试卷。

英语单词除了要背熟课本的单词外，老师上课提到的生词和试卷中出现过的生词也很重要。一个便携的单词本是高中英语学习的必需品。这个本子除了记录生词还要重点记录一些熟词生义，尤其是课本单词表上重要单词的边缘含义。每天记录一点，抽出零散的课间时间、等公交车的时间、上课时老师活跃气氛的时间，每天都翻出来看看。一个学期之后，就会发现自己的词汇量大了很多，写作文和读阅读也顺畅了很多。至于语法，最重要的就是上课认真听讲，课后复习笔记，最好把重点的语法和句型按照自己的理解重新抄写整理一遍以加强记忆。单词、语法是重中之重，只有在这二者都做好的基础上才能进行完形填空、阅读和写作的答题。

和语文阅读一样，英语阅读也要重视首尾。关键语句、提纲挈领的中心句常常会出现在文章、段落的首尾。完形填空

的实质也是阅读。在做阅读时，要做到"读三遍"。第一遍浏览文章大意，弄清楚文章讲的是什么故事，然后浏览题目，对问题有大概的印象；第二遍认真阅读文章内容，对应着文章圈画出与问题相关联的语句，然后尽量填上答案；第三遍读是检查性的阅读。对于没有填上的问题联系上下文再看一遍，已经填上的对照原文再检查一遍。三遍读完后，要保证所有空都填上。之后安心答下面的题目。如果不是发现了错误，最好不要更改答案。

至于作文，工整的字迹和文章内容一样重要。"表格式作文""议论式作文""漫画式"作文，不同的题目有不同的应对方法，不妨试试背诵《试题调研（作文训练）》给出的范文。英语作文对于大部分同学来说没那么得心应手，主要是没有掌握写作模式。多背诵几篇范文，背诵一些关联词和固定的开头、结束语，在写文章时就会顺畅很多。另外，我建议在写作前根据题目先列出提纲，对于文章要有整体构思，最好一气呵成。切忌下笔后涂涂改改，不仅耽误时间，而且缺乏美观之感。

⊙ 人生长河中，一场考试太渺小

我相信，上述我说的方法，大部分学生是知道的，大部分老师也讲过。可能大部分学生也按照这些方法在做，但是仍然没有效果。很多学生遭遇了太多次"滑铁卢"，以至于失去了信心也失去了兴趣。大多数学生的问题，除了方法，还有心态。并且心态在高考中的重要性丝毫不亚于知识。

考试前手脚发凉，考试时脑袋空白，考试后懊悔不已。这可能是很多人都经历过的。父母和老师会安慰我们"别太紧张"。但是却没教我们怎样才能"不紧张"。因紧张而发挥不出正常水平，久而久之反倒习惯性"失利"，自己对自己也会失去信心。面对考试，紧张是人人都会有的情绪。在紧张的时候，不妨问问自己，找找原因。大多数的紧张来源于不自信。你是不是把古诗词背诵得像自己的名字一样熟悉，你是不是可以把数学公式毫不犹豫地写下，是不是遇到书上的单词一定可以说出它的意思。如果没有做到，那紧张是无法避免的。因为你每一次考试都是一场赌博，你在赌你的运气，而不是比拼你的实力。别让考试变成赌博，也别让考好变成侥幸。考试不紧张的根本方法是要平时积累好，如果心里踏实了，自然会摆脱紧张。

但是有人会说："学无止境啊，怎么可能像机器人一样把那么多、那么零碎的知识都记在脑袋里呢。"是啊，庄子说："吾生也有涯，而知也无涯。"无论学得多好，都会多多少少有点"没有底"。

在这种时候，问问自己"这场考试对我来说有多重要？"是不是这场考试考不好，就没办法活下去？是不是这场考试考不好，就面临人生困境？是不是这场考试考不好，父母就不再关心你，就不再爱你？从人生的角度来看，一场考试实在是太渺小，渺小到无法影响和改变任何事情，除了你的心情。

这样问问自己之后，其实你会发现，考试并没什么大不了的。即使是高考，也没有你想象的那么重要。天无绝人之路，希望往往会在绝境中出现。抱着乐观向上的心态来看待考试，看待成绩的沉浮，自然会放松许多。而放松之后，往往会收获比较好的成绩。另外，在考试前也可以试试深呼吸，稍微喝点热水，听听轻音乐等可以缓解自己情绪的办法。

除了考试需要调整心态，日常的学习生活也需要有个好心态。不可否认，现在的高中压力很大，成绩上的些许波动都会带来学生心理上的"山崩地裂"。即使是看了很多"鸡汤"，也未必能给心灵多少养分。最重要的不是用鸡汤来安慰自己，也不是逃避，无视那些问题，而是要时常"拷问"自己的内心。

你要衡量一下，你梦想中的大学对你来说有多么重要，是否值得你付出这么多来实现这个梦想。你到底想要过什么样的生活，如果你现在不这么努力是不是可以过上梦想中的生活。人生处处面临选择，如果你选择坚持梦想，就要放弃很多的舒适，很多的娱乐，但是你知道你的放弃是有意义的，是你心甘情愿的，因此，你要做的不是"功成名就"，不是"衣锦还乡"，而只是让自己无怨无悔。也就是保尔·柯察金说的："当你回忆往事的时候，不会因虚度年华而悔恨，也不会因碌碌无为而羞愧。"但也不要给自己太大压力，不要把自己逼上绝境。因此，一个平衡点是很重要的。

高中三年，我对于自己的要求仅有三个字"不后悔"。我希望高考之后，即使失败，我也不会痛哭流涕地说"如果当时……就好了"。因为人生是不会倒流的啊，活好每一分的当下，每一分钟都认真生活，才能活好一生。正因为我只是要求自己"不后悔"，面对曾经取得的成绩，我不会过度骄傲和狂喜；面对高考的失利，我没有感到绝望和悲伤。我只知道，不要做别人屏幕上的光点，做自己人生的主角，不后悔就可以了。

因此，说了这么多。方法也好，心态也好，每个人都有不同的情况，也有自己不同的人生，有自己的道路要走。别羡慕别人的道路，走好自己的道路。风雨如晦，我心无悔，如此便可。

李孟泽致未来的学弟学妹◀

又将迎来燕园的一个冬天。看满了燕园四季的我，如今能自豪地说"我不后悔"，不后悔曾经的泪水与努力，怀念着过去的欢笑和喜悦。过去的时光为何熠熠生辉？不是因为时间本身有什么不同，而是因为在那些时光里，我投入了最美好的青春，成长为了最好的自己。

过去的那些往事如同惊鸿照影，一瞬的停驻却留下永恒的美好。作为一个老学姐，我的建议只有四句话："耐得住寂寞，坐得住板凳，稳得住心神，守得住自我。"泪笑三年，愿所有的学子都可以无怨无悔。

二

寻梦人

Part 02

来 ， 拉 你 进 北 大

高中的学习颠覆了初中的模式，

这使那个曾经在初中非常光鲜的少女的

高一生活彻底失去了色彩。

稀里糊涂过完高一，数学成绩惨不忍睹，

不知道什么是责任和拼搏……

三年前的她，做梦都不会想到自己会进燕园。

周丽蓉

2016级北京大学历史学系
2016年湖南省高考文科第39名
座右铭：不必害怕，这岛上众声喧哗

" 人生天地间，忽如远行客。"

　　结束高考已经有一段时间了，但是现在想起来，说句俗的，仿佛还是昨天。有时候会觉得，高中的事离现在很近，因为那些最要好的朋友及老师，都还一直保持联系；有时候又会觉得，好像过去了几万年，因为那样拼搏的日子真的珍贵却遥远，那样学习的日子好像也真的随风去了远方。唯一不变的是，我，或者说我们依旧还是个寻梦人。

　　三年前的我肯定想不到自己能站到现在所在的这个地方，恐怕连想都不敢想。我的高中故事没有很多小说里所描述的"叱咤风云"，而故事的主人公我也不是电影情节里的"全能天才"。和很多故事的开始一样，我的高中生活在平淡随意中展开篇章。

吹冷风，让自己清醒

⊙ 少年不识愁滋味

三年前的夏天，初中生活以一种料想不到的速度匆匆结束，15岁懵懵懂懂的我成为一名高一新生，带着初三特有未脱的稚嫩、傻气与叛逆。具体一点来说，就是对自己的高中生活充满了各种好奇以及莫名其妙的自信。实质上是有一点傲气吧，习惯了往日光芒的我，总觉得所有事都特别简单特别好应付，甚至为自己的一些小聪明沾沾自喜，逃课这样的想法也不止一次出现在脑子里。初中三年滋润甚至可以说"呼风唤雨"的生活让我迟迟了解不到什么是责任，什么是担当，什么是拼搏。然而残酷的事实是，我的高一并没有延续初中的光彩，糊里糊涂地过完了高——年，我才发现我并没有学到多少知识。期末联考成绩不可避免地特别差，尤其是数学，更是惨不忍睹。

是的，高中课程内容毫无疑问变难了，身边的同学也变强，这让我有些不知所措。甚至开始怀念从前初中熠熠生辉的日子，其实怀念过去是因为现在的自己不能令人满意吧。这就类似于孔子的那句"有朋自远方来，不亦乐乎？"实际上体现他身边的朋友并不能真正理解他、使他满意，所以他才会对远方友人的到来感到欢欣啊。但是我不可以服输，不可以就这样一直下去，不甘心让遥远的梦想尘封于俗世。那时候看到村上春树的一句话觉得简直是真实心境。那句话是这样说的："你要做一个不动声色的大人了。不准情绪化，不准偷偷想念，不准回头看，去过自己另外的生活。你要听话，不是所有的鱼都会生活在同一片海里。"

⊙ 何妨吟啸且徐行

于是，怀着一颗不服输的心与一个遥远的梦想，高二开始我试着进入认真学习的模式，想要抱着一直努力不管有没有效果，看不看得到进步，都保持一定的训练量的心态过每一天。从之前高一的积弊来看，我的数学和地理一直是弱项，所以我的首要任务便是专攻数学和地理。记得老师说过一句话："高考题无论做多少遍都是有意义的，一定要把每个题都研究透。"在咨询老师的意见之后，我买了大量关于数学和地理的习题，开始在空闲时间里刷题。我根据上课内容选取相应的题，同时加上往年高考题的练习，最疯狂的时候一天做一张高考卷的同时还会把老师布置的任务也给完成。在每个早上背诵各种各样的基础知识，很多个课间带着问题一次次跑进老师的办公室。有时候下课会很困，但也坚持了下来，冬天实在想睡觉的时候，便会走到教室外的走廊上去吹冷风让自己清醒。

地理老师看到我真的是打算好好努力，也开始帮我计划着怎么能够提高地理成绩。他甚至主动问我有没有什么问题以及为我提供与当天讲课内容相关的练习题，并帮助我补基础。其他各科老师也会想尽各种办法让偏科的同学尽可能地保持一种平衡状态。

可是很多时候并不是靠努力就可以成功的，这样那样的无可奈何阻碍着我们前进的脚步。我的地理成绩一直没什么进展，这确实很令人感到懊恼。虽然某几次考试会有一些突破，但平时仍处于及格线徘徊的状态。其实直到高考，文综也一直是我的一个弱项，其中很大程度上是因为我的地理。

但是现在回头想想，如果从来都没有努力过，那大概连失败都不配吧。

不过，我总觉得能有这样耐心又善解人意的老师是一件很值得庆幸的事，他们一遍遍不厌其烦地为我解答各种问题。在我为停滞不前感到无力时，告诉我，在某一门课成绩不理想的状态下，应该竭尽全力使另一门课的成绩提高到足以弥补自己的短板甚至是为自己加分的程度。这算是高中遇到的重要困难之一，所以在此也给大家一些借鉴。在意识到自己地理无法突破之后，我还是坚持做一些地理老师平时布置的题，同时把重心放到了数学上。

⊙ 几多欢喜几多愁

提起数学，总是让我想起我的几个数学老师。没错，是几个。高中我们班因为各种各样的原因换过几次老师，所以一共有三个数学老师。也是因为换了几次老师，我们才懂得成绩不提高其实是一件害人又不利己的事。高一时候的数学老师怀着满腔的热情为我们教学，然后却败在了我们的目空一切上，迫于学校压力离开了学校。他走的那天晚上，有同学哭了，为自己的不懂事，为老师的无可奈何。我看着他走出教室，没有去追他，也没有跟着好朋友去要一个最后作为留念的签名，因为可能此生都不会再见面了，只是默默在心里对自己说："我一定要足够强大，我的数学成绩一定要足够好。"这样的心理暗示在我的学习过程中不止出现一次，一个相信自己的好的心态是好好学习的重要保证。于是高二上学期换了一个既威严讲课又十分有条理的数学老师，但因为他带的班实在太多又兼班主任一职，在高二下学期我们便换了一个刚带完毕业班的老师。

如果说高一离开的老师给了我奋斗的勇气，那之后的这个老师便可以说是影响了我对数学的看法、给了我学数学甚至是对待事物的态度的热情。当然，更令人高兴的是我们可以成为无话不谈的好朋友。

他每天都会给我们做大量的基础题，与此同时又有梯度地训练我们做难题。他的讲课方式十分幽默风趣，虽说有时候动作会很夸张，还会用自己的手各种比划，让同学上黑板做题指出不足。事实上他本人就像个小孩子一样，很爱笑也很能了解学生，并想出办法让大家能有不同程度的提高。虽然有时候他会因我们没能按时完成当天的作业而把我们大骂一顿，但是更多时候却是为我们提供更多的自习时间来完成作业及自己的习题；他也会不时地为我们提供一些鸡汤，说说以前学生的经历；也会为我们提供专门的问问题课，他坐在讲台旁，学生轮流上去问问题，很多时候问着问题他也会和学生聊起来。

触动很深的是，一次他给了我们足够的时间完成数学作业，但是第二天检查的时候不做的人却占了几乎百分之八十。很自然，他恼了。那是我见过他发的最大的一次火。事后很多同学都补交了作业，而且在这之后，很少有人敢拖欠作业了。或许就是这种自由但是又伴有严厉的学习氛围让我们数学有很大的提高吧。我通过大量的练题辅以必要的概念背诵使数学取得很大进步。

在这里我想提醒一下大家，做习题不求多，但求精。每做完一套题，一定不能束之高阁，一定要充分了解考点及出题者的意图，更要针对错题建立自己的错题本，同时制定计划复习错题。

边捡贝壳，边看大海

⊙ 初识庐山真面目

经过这么长时间的学习，虽说我仍是海边一个捡贝壳的人，对浩渺的知识烟海也绝无全面的了解，但在这里，我仍想分享一些我的语数外三科的学习方法，结合老师的教导与个人学习经验，希望可以使大家少走些弯路。

第一是数学。

首先一定要对基本概念及基本题型特别熟悉。比如说我之前数学不是很好，但是又怀着有点意气用事的心想去做难题，确实是有点分不清轻重、本末倒置了。老师在复习的时候第一遍就会先发大量的基本题型让我们做，事实证明，这样的方法效果不错。而且做多了就会发现，数学很多难题都是由很多基本小题构成的，打好基础的重要性不言而喻。

其次，数学一定要多练。在熟悉基本题型之后不要懈怠，"水滴石穿"，毕竟只要你一天不做题就会生疏，脑子就会变钝。高考其实不只考你的随机应变冷静做题，更考你对某一类题的熟悉程度。为了减少失误，我们必须重复做题。

再次，一定要做好错题本。很多同学在做了一套题之后下次再遇到类似的题甚至是同一道题也会觉得从来没有见过，归根究底是没有对错题留意，觉得做过就好，错了就让它错。就我而言，我觉得对待错题的态度应该是，首先得承认自己错了，其次要知道自己哪里错，最后要知道并记住正确的解答方式，以及哪些地方是自己没有想到的、哪些地方的解题思路特别巧妙，这都需要记下来，争取下次不错这种类型的题。

最后，我觉得要对数学有兴趣，"好知者不如乐知者"。很多人会认为自己注定学不好数学，包括我自己之前也曾有过这种想法。但是要记住，这种思想千万不能有，一旦自己放弃自己，那就真的无人救赎了。痛苦与不适是暂时的，想要学好数学就必须经受得住这样的一段适应期。"我们必须学会在泪水里兑一点烈酒，而不是在酒里掺杂眼泪。"要多和数学老师交流，与他建立良好的关系，发现他的可爱之处。这一点对所有科目都适用。

方法介绍起来总是简单的，做起来却是要费一番功夫。就像高三的教学楼里每天都会有人下决心，每天也都会有人因为各种各样的小事而放弃自己。如果自己都不遵守自己的承诺，还有谁会相信你？

所以我很庆幸能遇到这样的数学老师，不仅因为他独特的教学方式以及乐天的生活态度，更因为在当初我迷茫不知所措的时候，他能够给予我一叶扁舟，使我不至于沉溺在无法挽救的深渊。我仍记得那个夏天的傍晚我们一起在操场散步，因为我的学习态度存在问题。我们围着操场逛了一圈又一圈，从夕阳西下的余晖到夜幕逐渐升起，有没上课的学生的打闹声，有一些老师带着自己的孩子的嬉笑声，有体育特长生因长跑训练的喘气声，有篮球的撞地声，有老师的谆谆教诲，这些声音融合在一起，成为那天的配乐及主旋律，带着如绢似绸的暖意。数学老师细心询问了我最近的一些心理上的问题，同时以亲身经历告诉我，只有现在努力才能过上自己想要的生活。我记得他说："你绝对不要过上一成不变的生活，你期待的那些好日子都会因为你的懈怠而逐渐离你远去，所以你要挺下来啊。你的路还很长呢，永远都要做一个开心的小姑娘啊。"

这样的大道理其实听过很多遍，但是对于那天的我来说，却是振聋发聩的。我不想让自己的努力白费，也不想让老师失望，我想成为一个更好的人，就像里尔克说的"主啊，是时候了"，经过短暂的休息与调整，我现在也该拼尽全力啊。

是的，我永远都不会忘记那个晚上，也永远不会忘记这样一个亦师亦友的人。我相信，你们的身边也绝对都有这样的人。或许就像张嘉佳所说，这样的人是一种"摆渡人"吧。"人生最漫长的那些夜晚，如同一条黑暗的隧道。山城外云霜雾雪，和自己都没有关系。一步步走过去，终于走进晨光暮色。回头望望，却只看见平常的山野荒原，城楼高架，似乎那条隧道从来没有出现过。但我们知道，真的经过，也真的存在。"这些人以不同的方式教会我们相遇，教会我们相知，教会我们离别，教会我们成长。

其次是语文。

还记得高二的时候我们班来了一个代班的语文老师，她是那种典型的温暖细致的人，永远穿着标志性的棉布长裙，说话轻声细语却自有万钧之力。她曾经在课上教过我们一曲《送别》，于是在她走的时候，这首《送别》变成了我们送她的礼物。全班歌声响起的时候，我分明看见她哭了。她说："要在诗词里找到诗人，要在诗词里找到历史。"她说："语文是日积月累的东西，一定要勤练笔、勤背诵。"她说："你们一定要记住，向上并且向善，努力成为一个愿意且能够帮助更多人的人。"最后这句成为指引我人生方向的话。向上，永远不要对自己太过宽容，约束自己未尝不是一种自由，朝着更高更远的地方跋涉；向善，无论世事如何，保持着最初对生命的欣喜与热爱。是的，"努力成为一个愿意且能够帮助更多人的人"。

运用老师教我们的方法，带着对老师的尊敬以及想念，我不曾让我的语文有一丝松懈。我的语文就这样慢慢提高，因为总是喜欢思索无法避免的相遇与离别，平时也很喜欢摘抄很多喜欢的句段。几乎每个学期都有两本厚厚的摘抄本，我相信很多女生都会有这样属于自己的本子。无论是读书时看到的名句，抑或是触动自己心弦的句子，都可以摘抄下来以备作文之用。老师总是不厌其烦地告诉我们语文文言文里的每一个字词都要弄懂，每一个意思都要背下来。根据老师提供的方法，我每次都会将语文书通读一遍，再根据上课内容提前预习好每一个细节。课外阅读量也不曾减少，《读者》和《青年文摘》是每次必买的杂志。由于多加阅读以及上课认真听讲，记下所有该背的东西，我的语文一直不差。相信你们也一定可以。

突然想起不久前看的《顾随诗词讲记》，于是想在这里补充几点对于作文的看法。顾先生说："凡艺术作品中皆有作者之生命与精神，否则不能成功。古人创作时将生命精神注入，盖作品即作者之表现。"对于这几句话我的一些理解是我们写作文并不是单纯为了写好作文，而要真正全身心地投入到里面，并为此付出各种类似摘抄、阅读大量书籍的努力，这样才能算是不辜负自己，也算是真正地动手写作文了。当然，中学时期也不必太执着于此，用全心用全力写好便已经不错了。对于文章的结构、布局之类问题，语文课本上也介绍了各种方法，对照学习就可以。

我曾经听过很多人说自己无法写出心里的真正感受，即使写出来也不能使自己满意。其实这有几点原因：

第一是写得太少。写作这样的事不练是绝对不能有进步了，所以只要有想法都尽量记录下来，即使觉得自己写得不好也要坚持下去，日子久了功夫自然显出来了。写的东西也不必太长，除非灵感大发，一两句足矣。大家可以每天都记录一点东西下来，之后总能用上。记录的同时也可以想想名人名家写这些是怎么写的，借鉴一下。

第二是读得太少且没有自己的思考。考虑大家的时间问题，可以不用读厚本的名著，只需要抽空读读《读者》《青年文摘》这样的杂志，了解各个方面的一些时事就行，同时也可以写写短评，或单纯想想为什么别人可以这样写，我能否借鉴，以及做一些相关的摘抄。

第三是整体无所事事却又有各种怨言的人。不擅长写作文的人就该主动自觉朝这方面努力，比如多跟老师沟通，把每次考试的作文请老师点评以及请教该如何改进，再在下次做得更好，而不是一直把"作文写得不好"这六个字当成标签一样贴在自己身上，甚至对写作文优秀的同学抱有妒意，这是绝对要改正的。对自己抱有信心并虚心向他人请教，这是无论在何时何地都适用的原则。

最后是英语。

英语作文也亦颇有类于语文作文。英语老师规定我们在早读背单词、短语以及课本上的重要课文，这项规定初听可能有些任务过大，尤其是在短短的早读时间，但日子久了便自然会明白她的苦心。背诵课文不仅有利于理解一些难懂的语法，因为课本就是最好的例句，同时也可以促进我们阅读理解能力的提高，再者对自己英语作文的写作以及听力也有所帮助，可谓"一举多得"。顺便说说听力，听力需要多练多听，也需要多读，并且要纠正自己错误的读音。记得当时很多同学没办法听出听力中一些已学的词汇，其实大多是自己本来就读错或者记错了，导致出现这个词也无法听出来。有这样问题的同学可以多背课文以及询问同学单词的正确读法。至于阅读理解，无他，多做而已。刷题不但提高我们的阅读速度从而减少浪费的时间，更能增广我们的视野。切记不要只做一种类型的阅读，很多人包括我自己都有的一个坏习惯就是讨厌做科技类的文章，不仅生词多，文章内容也是有些乏味。这样不仅不好，更会产生一种微妙的心理从而影响你之后的阅读。遇到这样有些心理障碍的问题，可以选择性地跟老师交流一下。

千万记得多跟老师沟通。很多时候你苦思不解的问题疑难恰恰需要老师的一语点拨，所以时刻盯紧老师，抓住任何向老师提问的机会。想当初我高三时一下课就冲进老师办公室问问题，否则人太多又得推迟到下节课的下课时间。想来也是有点搞笑，那时候的老师是最受欢迎的。

记住，中学的学习不仅需要学习的努力，心态的调整也是很重要的。古人有言："经师易得，人师难求。"遇到好老师我们便要抓住机会多多沟通，从而使自己生活学习上的疑问得到解决。

⊙ 路漫漫其修远兮

高三，是高中生活的最后一段路，也是最为艰难长远的路，甚至可以说是"一字错，满盘皆落索"的具有重大意义的一段路。在2015年的9月份，在经历了高一的懵懂与懈怠和高二的各种离别与奋斗后，滚滚向前的岁月洪流终于把我带到了高三。"高三"这个词本身就意味深长，说起来也总不可避免地觉得是一种情怀。回忆得多了，却会有些美化，好像忘记了当初的滞涩艰难。

就拿我的高三说，令人动容难忘及美好的记忆真的很多：是看到的上一届的学长学姐们高考归来的莫名激动，是看着毕业生解放自我、书页翩翩洒落的说不清的羡慕，是大家初搬入新教室成为正式高三生的紧张与兴奋，是暖阳下百日誓师的斗志满满，是难以数清的晚自习考以及周考月考联考模考，是为了保持身体素质全年级一起的日复一日的晨跑夜跑，是高三生特有的待在教室里做不完的试卷与练习题，是一个人哭就能牵动起一群人的心思，是高考前老师各种关于生理心理的叮嘱，是高考场上带着汗水的奋笔疾书，是高中最后一堂考试铃响的百感交集，是同学们撕书扔书卖书的告别，是最后一次班级聚会的沉默与感伤，是大家走出高中校门就再也不是以一个高中生的身份回来。

我想我永远也不会忘记那些曾经在美好而又无助的日子里陪伴着我的人。

初入高三时，我陷入了一种迷茫。不知道该怎么做，并且觉得做什么都是错，紧张也不知道从何而来，但却卡在心口让人无法理解也不得安宁。那时候甚至有一种我只能这样下去了、我无法进步要一直停在这里了的悲观看法。那个时候我们班来了很多复读生，学校采取插班的形式把很多人安排在了我们班。或许是习惯了当第一吧，所以在高三第一次月考出成绩而第一被一名复读生占了的时候，我的心里真的很不舒服甚至偷偷哭了。当然，哭的原因不仅仅是这个，也是因为来自各方面的压力以及长久对自己的压抑。而班主任细心地发现了端倪，于是把我叫进了办公室。

这件事很大程度上让我对自己有了清晰的认识。班主任为我拉开椅子还倒了一杯水，问我最近怎么样。我当场没忍住便开始哭了起来，嘴里含糊着说很紧张担心辜负大家的期望之类的话。他等我情绪平复之后，语重心长地告诉我："不要有太大压力，其实根本没必要紧张也无须与他人比较。你就是你啊，何必对他人的成绩耿耿于怀呢。每一次考试都是对你自己的检测，无论怎样你只要保持对学习的热情就好。再说，以你的实力，本来结果不会是这样，是因为你太在乎第一名这个位置了，没有发挥好。一定记住，虚名没有用，实力最重要。高三的考试那么多次，你能保证自己每次都是第一名吗？名次的升降很正常，内心的宠辱不惊才是最重要的。"

我哭着接受完这段不似训话的劝勉，之后吃了很大一碗面，暖到心头。那天晚上睡觉前我想了很久，的确，名次或许是很重要，但是当它与实力比较时，显然提高自己的能力更重要，即使名次时有变化也无须在意。高三的最后一段时间有很多考试，每一次都会有很多变化，会有很多人以你不可想象的程度进步甚至成为年级前几名，也会有很多人不堪压力有所退步，但不管发生什么，你需要告诉自己的是，往前走。记得一首歌是这样唱的："通天大道走下去就一往无前，无所谓苦痛艰险。"我把"北京大学"四个字写在了自己的桌子上，笔记本上写过无数次的"PKU"，烦的时候便幻想自己走进学校大门时的样子；我把各种各样的公式抄在小本子上，排队买饭的时候一次次地看与背；也会把必背的古诗词抄在便利贴上，得空的时候就看两眼，有时候课间休息和同学聊会天也会中途拿出来翻看加深记忆；我抓紧每天的每一分每一秒，把每个课间都安排得很充实。

说实话，即使努力告诉自己一天都不可以懒，但在高三我的问题还是比较多的，尤其是临近高考的那段时间突然就懈怠了。我知道自己不能这样下去，好朋友也发现了我的问题。于是约我一起在放假的时候去爬山放松一下，聊些学习的问题，也约着一起在教室自习，比如在午饭晚饭的时候留在教室看书做习题，等到食堂人少了之后再一起去吃饭。有时候我也会及时跟老师反映这样的情况，他会开解我，告诉我不要让三年的努力在最后几个月失去作用，再怎么不想学习也要激励自己熬过剩下的几个月。现在回想起来，仍觉得那时候老师真的是无比耐心，能取得不错的成绩老师和朋友都出了很大一份力。

多交流永远都是一个不错的解决问题的办法。高三其实有点像沉闷的大房子，交流却会为此带来清风。在那些无忧但又紧张的日子里，幸得有这些人相伴啊。

⊙ 岁月漫长值等待

总而言之，高中很多时候很无趣，食堂、宿舍、教学楼三点一线，每天重复做同样的事，可能我们会觉得这样禁锢了自己。但其实你完全可以做到每天早起、上课、刷题、自习、背书，只要你多走一些路，就能明白老师那些张口而来的道理不是没有它存在的意义。或许你有自己执着的非去不可的学校，或许你还没有明确的目标，但努力永远不嫌早。你经历的事，心里的感受，只有你自己能懂。就像你说你想做一件事，成功之后，别人只会觉得你想做就成功了，只会觉得你一路来波澜不惊地成为想成为的人，却不知道你为此付出了多少，不知道你曾经独自一人熬过多少个煎熬的日日夜夜。当然，你的努力从来就不是做给别人看的，所以他们也并不需要知道。你只需一直大步勇敢地往前走，那时，你就会看到更多更美的风景，才会知道，曾经的蓄势待发是一件多么有必要的事。就像我现在回想高中，会觉得高中是多么令人难忘的时光，高三是多么令人怀念的日子。

听，冬季盛放不死的美丽与夏季萤火微末的声音都在告诉你：永远永远都不可以放弃，要一直一直坚持踏实啊。当你觉得高中可爱时，当你觉得学习可爱时，它们都会变得绚烂起来。"就像哆啦A梦第一次钻出抽屉，像夏目与猫老师的第一次相遇，像鸣人第一次学会徒手结印，像路飞第一次携梦想扬帆远行"，我们经历过许许多多的第一次，从最初的脆弱成长为最后的不平庸。当冬夜渐暖，我希望我能，你也能心怀感恩地

▲梦想实现的一天

找到内心的平和，找到适合自己的路。千万要告诉自己，适时的迷茫永远是一种正常状态，重要的是如何直面自己，让优秀成为一种习惯。我一直都记得杨幂在《我是证人》里喊的那句话："我跟你不一样！我跟你不一样！"好习惯的养成需要维持很久，而破坏这个好习惯却只要短短一日，甚至更少。永远别做一个混日子的人。如同木心所说："很多人的失落，是违背了自己年少时的立志。自认为成熟、自认为练达、自认为精明，从前多幼稚，自认为看透了、想穿了。于是，我们就此变成自己年少时最憎恶的那种人。"永远别成为自己所讨厌的那种人。

等到你真正从高考考场上出来的时候，等到你知晓自己的高考分数的时候，等到你填报好志愿的时候，等到你收到录取通知书的时候，我也希望，你能明白，努力是永远不可以停歇的。因为大学是一个累计高中成果的新起点，如果你去了一个不错的大学，那你不必感到自卑，因为你已被录取，就说明你完全有资格在那个地方继续努力；如果你去了一个不那么好的大学，你也不必灰心，因为高考成绩比你低的人同样进了这所大学，你想要脱颖而出，要做的还是努力。

所以，你现在还在担心什么呢，还在犹豫不决迟迟不肯迈出勇往直前的步伐吗？扪心自问，阻挡你成为一个更好的人的最大原因不过是你自己罢了。

有一句话说："我只怕我不值得我所受的那些苦。"我也怕你们不值得曾经所受及不可避免要受的苦啊。所以呢，你们一定不可以辜负自己，要拼尽全力啊。数千个奋斗的日子累积起来，成为你独一无二的故事，将你"摆渡"到高考这条河的对岸。等你回头看时，路上的荆棘会变得毫不显眼。某个绞尽脑汁也不会做的题，某些人无意说出的令你伤心的话，某次害你丢失信心的考试，某张让你难以自容的排名表，都化作岁月里的风尘，消失不见。而那些曾经帮助过你的人，你绝对不可以忘记，因为那是岁月里最不可少的一抹颜色啊。走上一条风景更好的路，他人的帮助与自己的努力缺一不可。

周丽蓉致未来的学弟学妹◀

"不必害怕，这岛上众生喧哗。"大千世界，我们都是自己故事的主人公。我相信并且期待看到，"你在满座喧嚣将盛开的雍容引爆"。女孩们，男孩们，怀着你们的独特英勇踏上远行的路，去造访属于你的那颗星，行崎岖而唯美的路，做一个暖色的梦。

玉

兰

——送给未名，送给她

Part 03

来 ， 拉 你 进 北 大

这是一个关于玉兰、如花少女、妈妈和燕园的故事。

初见玉兰，女孩15岁，妈妈41岁，她们离燕园还有3年。

再见玉兰，女孩16岁，妈妈42岁，她们离燕园还有2年。

又见玉兰，女孩17岁，妈妈43岁，她们离燕园还有半年。

这年，女孩19岁，妈妈45岁，她们，身在燕园。这次未见玉兰。

杭雅伦

2015级北京大学法学院
2015年北京高考理科第101名
座右铭：在黑暗中睡着，在光明中醒着

三月，天还没转暖，却有了春的盼头。舍友不懂，我盼春盼个什么劲儿，毕竟北京的春天，在她们眼里还是不受待见的。

北京的春天灰我是知道的，毕竟也生活了那么些年。不放晴的日子里，那浓稠的霾，往人眼前那么一蒙，这心里也被闷上了。加上四处纷飞的柳絮，和着霾和凉飕的空气一并吞下去，便是一天都提不起兴致。要是哪天太阳露了个头那就是很幸福的事了，全朋友圈似乎都得庆祝一下。好在北京的春短，前些天还裹着袄子，课本目录里还没讲过几页，刚买的衣服还没穿几次，还没去门口的理发馆修过刘海，倒却已经是夏天了。

所以，很多人不喜欢春天，每到三四月，就想着赶紧找点乐子把日子凑合过去。可于我来说，每到三月中，那草刚有点绿的架势，我就总是盼着，盼着春来。你知道的，就好像每天和你打情骂俏的小情人，每天闹着说着烦，却还是离不了的。这盼的，可不是那霾和絮，而是三四月就悄悄冒出来，一点儿声都没有，让你不自觉中抬头，惊艳一片的花儿。

那花的名字，叫玉兰。

最美的邂逅

⊙ 树，静静地立着；花，悄悄地开着

第一次见到玉兰，好像是15岁的事情了。15岁似乎已经过了第一次经历看花这种事情的年龄，但对黄河以北生活的我来说，玉兰，在那以前都只是两个简单的字，或是老一辈人略显俗气的名字而已——直到见到她。而巧合的是我与玉兰的初次邂逅恰是在北大校园里，在那个中考前，灰色中却又透着点点绿色的3月。

那时有别的事情来北京便来北大参观。初春的季节，那是个难得的晴天，记忆中路边的白玉兰已经开了一半。和着那天难得的阳光，阳光在空中晕出星星点点的影，那影子下面，那树，静静立着，花，悄悄开着。那张开的花清丽地舒展，整个地怀抱着你的视线，而清雅的颜色使她看着明朗却不张扬，明丽却不妖媚。而那还没开的骨朵却也不像别的花那样小气，

花苞饱满地挂在枝头，若隐若现的花蕊含蓄却不羞怯地展现给你，让你想掀起她的盖头看看是什么姿色。

15岁初识玉兰一点都不夸张。家乡那里大概是没有玉兰的——至少我还没有见过。我的家乡在内蒙古呼和浩特，其实离北京也就五六个小时的车程，可是听着却总让人觉得往边塞走了不少，差了很远的路程。而那玉兰，似乎是就这般任性，就这五六个小时的车程，却不在我们那边开花了。抑或者是在家时太迟钝，伴了多少年都没发现也有可能——毕竟人总是在忽略的，毕竟风景也总喜欢追着远处的。

⊙ 她心中的玉兰，更美

那次初识玉兰是和妈妈一起。那时候她告诉我，那也是她第一次见到玉兰。她刚说那是第一次见玉兰的

▶北大的玉兰

时候我是不信的。因为自从我有记忆开始，提到最喜欢的花，妈妈总是说她最喜欢玉兰。可是她既然从没见过，又何谈最喜欢？我不自觉撇了撇嘴，想着大抵她又是在哪本书哪首诗里读到了，便充着文艺，说喜欢这花了。

谁知她说，因为，你姥姥的名字就叫玉兰啊。

她谈到了姥姥。在我的印象中，妈妈很少和我提到姥姥，因为提到姥姥的时候她总是哭。姥姥在我很小的时候就去世了，对她星星点点的印象也只是很小的时候，我和她一起坐在病床上，我把枕巾戴在她的头上说着要把她变成阿拉伯人，而她就坐在床头咯咯地笑，抚弄着我的头发操着一口山东口音念着我的乳名。再加着妈妈的老家也不在呼市，我对姥姥的印象是少之又少，唯一能回忆的也就只有几张和着年代感的照片了。

我别过头看妈妈，她正拿着手机拍着满树的雪白，41岁初识玉兰的她，这次提到姥姥却没有哭，而是笑得像个孩子。她说，原来玉兰这么美，太好了。

我也用手机拍她，拍她的笑和嘴角的梨涡。

那时的我15岁，她41岁，我们相差26岁，我们离燕园还有3年。

温暖的陪伴

⊙ 泪眼问花花不语

那次初识之后的一段时间，看到玉兰，想哭的便是我了。

中考结束后，妈妈和我说，在北京有一所学校，专门为少数民族地区的孩子开放，让你们可以享受到更好的教育资源。我听着新鲜，又想着北京从小对我而言的神秘的吸引，便是满心欢喜地应了下来。为着心里的那个梦，放弃了家乡离家很近的重点高中重点班的通知书，15岁的我，拖着重重的行李箱，独身一人来到了北京——来到了这个曾经向往却无比陌生的城市里。我的学校隐藏在北京三环的闹市里，有时觉得大门里面与大门外面似乎是两个色彩对比鲜明的纷繁复杂的世界。如果要用什么颜色形容我那时候对北京的印象，我想应该是五彩斑斓的，而要真有什么地方能用一个颜色形容的话，或许就是学校旁边，不走几步便能到的一个大学校园，那校园里，有玉兰花。所以啊，那所大学在我眼中，是春日里害羞的透着粉的白色。

高中寄宿求学生活的开端却不是想象中脱离苦海的放荡不羁。在报到当天的下午，我自己坐在无人的教室里包书皮。窗开着，教室里飞进一只麻雀，落在教室的左上角挂着的电视机上，它盯着我，我盯着它。一个人的时候就喜欢多愁善感，麻雀飞走了，我看着电视机屏幕里反射出的自己的倒影，忽然意识到，高中毕业后就是大学，再之后，便是不知哪个城市的打拼。这曾经无比向往着的生活轨迹，却意味着我便再也没有长期待在家乡、每天陪在爸妈身边的日子。然后，又想到那天看到的玉兰，想到妈妈看着玉兰的神情，想到姥姥，想到长大，想到老。再然后，就发现自己在偷偷地哭，眼泪打在新包好的书皮上。

⊙ 世界抛弃了我

离家的第一个学期，想家。

陌生的校园，陌生的同学，陌生的食物，陌生的公共浴室，陌生的床铺。陌生的城市里，后海没有海，公主坟不是坟。对这里的新鲜感散尽之后，留下的，是不同于初中的繁重课业、手忙脚乱的宿舍生活、还不熟悉的老师同学，和夜深人静时，窗外路灯晕出的光，还有被窝里咸咸的泪。没有过后悔吗，没有过怀疑吗，当然不是的。

曾有人和我说，羡慕我们一帆风顺，什么都不用担心。但怎么会有一帆风顺的事呢，每个人的烦恼都是不同的，所以，人们总是在相互羡慕着。记得第一个学期的冬天里，还没习惯单层窗户和小小的暖气片，我在隆冬的宿舍里常冷得缩作一团，然后，就开始想着，曾经汽车上的暖风空调，回到家的红薯热汤。人冷的时候，会本能地想到两件事情：哭和吃。所以记得那个冬天，只要闲下来，我总是在吃东西，学校周围的小吃店是真不少，鸡排米粉鸡蛋仔芝士吐司还有奶茶冰激凌，以前从未尝过的垃圾食品也是在这一学期吃了个遍。吃的时候当然是开心的，但当十二月过去，发现自己已经套不上以前的裤子的时候，才发现那段大胃时光带给我的"礼物"。高一第一学期回家后，发现自己长胖十八斤，那时我盯着体重秤上的数字呆了好久。忧伤当然是忧伤的，但变胖了之后反而看开了很多，不能改变什么的时候，何必去假设、去设想、去自找麻烦，不如改变自己啊，因为只要心还是热的，一切都会变好的。

然后，刚看开的青春就又被困住了。高中分重点班之后的日子，第一次在学习上被打击。你们知道嘛，所谓"好孩子"的生活，意味着放弃很多，所以从小学到高二的记忆里，我没有特别擅长的文艺活动，不是风风火火的校园风云人物，更没有谈一场青春期的恋爱，但一直让我小小的内心暗自骄傲的是，我的成绩一直很好。但直到有一天，一个什么别的事情都没有做过的好学生突然不再是好学生了，连仅有的都抛弃了，那种感觉比长胖二十斤更冲击。

刚分班的日子里，周围的人们都散发着独特的光芒，他们上课睡觉，有时逃课出去看电影，或是和老师吵架，偷偷谈恋爱，但开始学习的时候，却是用两倍的速度写完作业，剩下的时间刷着剧打着游戏。而考试成绩出来时，却是牢牢地把住了A4纸表格上最上面的位置。记得那时，我发疯一样，每门课买三四本练习题，上课下课疯狂地刷着，很累，但却不知道自己做了什么。

⊙ 做自己，就好

然后妈妈来看我，似乎从很小开始就没有被她批评过了。这次也是一样，一天夜晚我打电话回家，听见熟悉声音后突然一股酸涩涌上心头，然后就莫名想哭，怕他们担心我赶紧草草结束话题挂了电话。可没想到第二天她就出现在校门口，带着熟悉的笑歪着头看着我。那天她来的时候，记忆里身材小小的她拖着满满当当的行李箱，我们倚在学校旁的小宾馆带着洗衣粉味道的床上，她和我说，每个人都有不同的生活轨迹和生活方式，而你只要做你自己就好。她说，不要让别人的激励打乱你的节奏。她说，累的时候，就说出来。那天我一直在诉说，把这么久以来想到的一切吐出来，把这么久以来我自己都没有意识到的想法都说了出来，而说完后却觉得这些理由都显得有点幼稚，是那种可能你自己已经哭得稀里哗啦，但对倾听的人来说却有点无可奈何、不知道你怎么会伤心成这个样子的那种理由。于是说出来了，也就轻松不少。做自己就好，我想，这句话也是和玉兰一起，陪伴了我这么多年吧。而生活也是这样，在你平静得忘记生活本身的时候，她就悄悄，变好了呢。

之后的日子里，我不再追寻别人的脚步，而是有了自己生活的节奏。生活中也不仅有学习这一部分，我开始尝试让枯燥的日子变得生动起来。我担任了学校的文学社社长，在那方属于我们的土地上与兴趣相同的人一起感受文字带给我们的收获，课余生活的活动组织经历在大学后也成为宝贵的财富。

我开始研究摄影，在周末没事的时候与好朋友一起去城市的各个角落追寻不同人的人生轨迹，有人说摄影师是在做减法，他们把纷繁复杂的社会生活简单化，只留下想要让你看见

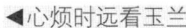 ◀心烦时远看玉兰

的部分，只要你认为这个镜头是美好的，就会让图像传达出美好的味道。我想那段时间的拍摄经历也给了我相信生活、发现美的习惯，让我可以为生活做减法，只留下自己想要记住的部分。

我还开始做一些从前不曾想过的事情，在地下通道彻夜畅谈、在香山顶上数着星星讲着故事等待日出、在周末的午后躺在操场上细数草坪上的影子……于是单调的生活似乎不再单调，学习之外的调剂在为高中的记忆增添光彩的同时也使得学习更加有效率和动力。日子变得越来越可爱，每一天都十分充实。

那时的我16岁，她42岁，我们相差26岁，我们离燕园还有两年。

当然还会有心烦的时候，就喜欢去看玉兰花，就算只有树没有花。不知道从什么时候开始，我和家里打电话的次数慢慢

减少了，也不再会在被窝里偷偷哭了，和家里通话的内容，永远都是说着周围开心的事情。所以那玉兰，也是找的某种寄托了吧。她看着我，我看着她，然后心里不知怎的，就平静下来了。她看着我背单词，听音乐，看着我和朋友提着大大小小的购物袋走过，看着我拍着篮球追在喜欢的人后面笑闹。

⊙ 静等花开

高三下学期，过着很规律的生活，早起早睡。高三其实并不一定要过得轰轰烈烈，死去活来，一年时间很长，找到自己的节奏，把繁杂的课业分摊开来，去制订能完成的计划，随时给自己鼓励。比起削减脑袋的决心，我想，那段日子里更重要的是坚持下去的勇气。一年的日子，每天几乎都是对昨天的重复，当人过得单调，就会懈怠，所以在单调的日子里去发现生活的趣味，也很重要。也许是长大，这时的我终于发现自己不是一个人，身边朝夕相处三年的人们，早已经有了一起生活的默契，变成高三漫长岁月中的一份陪伴。曾经担心的一切、不曾想过的经历，也都不知什么时候起不再是问题。

最后的一个月过得很平静，每天晚饭后去自习的路上，我都会路过旁边的大学，然后远远地看看那边的玉兰树。那时的她已经不是一棵树，我想，那已经是小小的记忆中像秘密一样珍藏着的图腾，她的存在已经不再是存在本身，而是一种岁月中静默的陪伴。直到现在我看到她还会想到，那个15岁的春天里，在燕园的不知哪里，一个孩子和她的妈妈给玉兰花照相的样子。

妈妈在大学教书，我高三下学期的时候，她推掉了课程来北京陪读，我们住在学校旁边的房子里，从房间的屋子里，可以看到学校操场的一角。于是，小学时候经常上演的妈妈在窗前等着我回来，看到我背着书包的影子时便开始炒菜的场景，在多少年后，再一次一天天上演起来，家里饭菜的热气，红彤彤温暖了微寒的初春，也温暖了那段不一样的岁月。

有的时候，妈妈会去旁边的大学里散步，那里有她最爱的玉兰花，而那花，在这些年过后，也已经是我最珍藏的喜爱。当我爱的两个事物凑在一起，每当遇到不顺心时，都会带给我潜在的动力，支撑着我走过那段漫长却有所盼望的时光。

高考前的一个月，每天晚饭后都会在校园里散步十几分钟，那时已经是夏天，满眼的绿色带给我难得的新鲜空气与阴凉，看身边抱着书本走过的大学学子，喷泉边光着脚丫笑着闹着的孩子和在一旁聊天谈笑的家长，看拎着装满零食的超市购物袋匆匆往回走的学弟学妹，看着花，看着草，看着树，看着云，看着天边的晚霞。每天晚饭后这一小段奢侈的与自然亲密接触的时光，带给了我内心的平静与动力，而彷徨的时候也不会慌乱，因为身边有那样多美好的事物，还有她的陪伴。

这时的我17岁，她43岁，我们相差26岁，我们离燕园还有半年。

再见半开白玉兰

⊙ 很久以前的那个梦，开花了

高考感觉是在弹指一挥间过去的。过去多少年的努力，在短短两天内开始开花结果，这种感觉既慌张又奇妙。但在这小小的慌张与奇妙背后大的心理背景却是平和的，考试前的日子平和就是最好的礼物，要相信自己曾做过的一切都是你身上的烙印，不会随你而去，而你要做的只是相信这份印记的存在，做你自己。

在燕园的第一个春天，记得那时在理教上早课，眼见着快迟到，抱着书，飞奔地跑。记忆中的那天是没有霾的，但晴天总是伴着北风，气温也是降了几度。我裹着围巾跑，却是一个不稳，几本书掉在地上。我皱眉低头去捡，再抬头时，却是呆立住不动了。之前一直印在心里的燕园的玉兰，却是忘了具体是在哪条路上看到的，但这时候抬头看见的这棵树，却莫名地觉着熟悉。入学时是秋天，却是不知记忆里的玉兰，这么些月后到了春天才又突然出现了。又是开了一半的白玉兰，这次，你想和我说什么故事呢？

我和燕园的故事，像是很久以前就展开的一个梦，这梦，是我的，却又是妈妈的。记得高考成绩出来的那天，我和爸爸妈妈每个人手里一个电脑，时候到后一起刷新查询。我可不会说"查出成绩的那一刻，我露出了会心的微笑"这种假假的话，在客厅里最先刷新出成绩的时候，毫不夸张地说，我是跳起来的，我激动地扭着屁股大喊北大的名字，他们也从书房冲了出来。妈妈先和我一起跳着叫着，她摸我的头捏我的脸拍我的肩搂我的腰，然后突然停下来，就那样静静地看着我。呆看了我一秒后，她脸上的肌肉却突然垂下来，猝不及防，像个小孩一样放声大哭，然后语无伦次。

我起初是笑她，笑她笑着哭哭了笑的样子，然后不知怎的我也跟着哭起来，最后高考上榜的戏码变成了三个人抱在一起，真的是"抱头痛哭"。我想生活总还是需要一些情感起伏的瞬间，这些瞬间让本来平淡的生活变得多姿多彩，让幸福变得张扬起来，霸道地把不快都从心里挤出去，只留下难以忘记的回忆。那时我才终于明白了，曾经电视剧里上演的疯狂的戏码，原来真的来源于我们的内心，真的可以在现实中发生。这种情景的名字，叫作喜极而泣。

⊙ 我在这头，她在那头

填报志愿时具有戏剧性，他们本推荐我学经济，但我知道自己向往的是什么，所以在最后修改了志愿，填上的还是很少和他们提到的法学院。而当之后再说起时，妈妈没有生气，而是笑着说，那是你的人生。自己的人生，便是由自己选择。

我一直觉得老天是很公平的，因为他给了每个人多种多样的选择，每一种选择都有走向好的一面和走向坏的一面，然后又延伸出更多的选择。而我们的生活也是在这一个又一个选择过后慢慢明朗起来，慢慢独特起来。重要的并不是选择本身是什么，因为任何选择都有走向世俗的成功的机会，而是你为什么要这样选择，这是不是你的选择，以及选择之后能否坚持下去。

我想选择之所以会有意义，大多数情形下不是因为选择本身有多么明智，毕竟我们生命中的选择太多，能够称得上不这样就会留下巨大的遗憾和隐患的选择真的是九牛一毛，而生活中人们却总是将时间浪费在对已经过去的选择后悔上面，而忽略了对之后选择的细致思考。

我想，已经经过的选择就过去吧，他们不一定都明智正确，却都是属于我自己的带有我的烙印的选择，我选择接受他们。而之后的选择，重要的是在选择前思考完毕是否是属于自己的道路，并且在决定之后就坚持下去，相信这就是对于自己正确的礼物。也许这样的生活理念使得我有时略显固执，但就这样固执下去，不也正是一个选择吗？就像在导演一部不能快进快退的电影，电影中的每个情节都是电影的一部分，只要与电影的核心相包容，就都是好的影视作品。因为大多数人生的电影不会上映，而是放给自己看的。

所以对于志愿的选择，我没有后悔也不会后悔，事实证明我也在自己选择的路上一点点前行着。之后妈妈又告诉我，学法律也是她当年的梦啊，所以她会支持我。于是，燕园，法学院，好像变成了某种联系，我在这头，远方的她在那头。

⊙ 人和花儿一样美

这日子过得无声，转眼我也在燕园生活了两个年头，这时间能改变的有很多，可有些坚持，只要你守着，就是不会变的，就像这些年来一直伴着我的人和花儿一样。我也相信每个人都会找到自己的玉兰，它可能不是花，可能你自己都没有发现，但它就那样真实地存在着，陪伴你所喜欢的或不喜欢的自己，让你在最冷的冬日里，从心里笑出来。

妈妈再来燕园时，玉兰花没有开，但几年前和玉兰的第一次邂逅，和我一样，她还记得。她说，以后应该再去那棵树下照一张，每年都照一张，直到我到达下一个人生的站点。而现在回想起来，当初那个燕园玉兰树前偷拍妈妈的女孩，当时也并没有想着自己将来会到达这里，那时候觉得，这园子是个梦境，美得遥远而不真实，但时间告诉我，世界上没有遥远得不真实的梦境，只要梦境是人创造的，一步一个脚印，走着走着，就到了。

这时的我19岁，她45岁，我们相差26岁，我们，在燕园。

坚持比选择更重要

⊙ 适合的才是最好的

这里给大家一些高中时候一直坚持的学习方法，世界上有很多学习方法，每一种也都有它的道理，所以重要的不是你选择了哪种，而是能不能一直做下去。所以，第一个建议就是选择适合自己的学习方法，并且只要选择了，就不要怀疑当初的选择，因为每一次改变之后还是会有不同的问题出现，方向是要一直一致的。

选择一本适合自己的练习。练习不重在数量，而是是否真正把自己对知识的理解一刀刀剖开，揉碎了记到脑子里。别嘲笑错题本，比起每天背20个单词，错题本的习惯对大多数人来说是很好坚持的，而且也不一定要抄，我喜欢把每种练习册买两本，一本用来写，一本用来裁剪错题。考前不知道做什么的时候就看它。

给自己订立可以达到的目标。你必须了解自己，然后鼓励自己。每天晚上开始自习前定下能达到的目标，做完后激励自己。

去休息，但别碰手机、电脑。学习的间隔里必须休息，我喜欢在教室门口的窗前站着和同学聊天，但是要注意的是在学习期间，别碰手机电脑，因为你想象的你会用它做的事情和时间永远和真正的差那么几档。

⊙ 每一次珍惜都值得

珍惜每一次考试的机会。必须承认的是，考试是好好学习的最佳动力，至少对大多数人是这样。所以不要忽视任何一次考试，这不仅体现在考前，更包括每次考试之后的总结分析。当每一次考试都认真对待过之后，真正重要的考试面前便能不乱阵脚。

珍惜身边的人。每个阶段的生活都是不同的，并且往往不会再有类似的经历，所以珍惜生命中每一个值得珍惜的人，陪伴每一个你能陪伴的人。也许是多少年之后，你在的地方和你当初的成绩，甚至当初的专业没有任何关系，回忆起学生时代的日子，陪着你的其实不是那些复杂的程式，而是那些在你的生命中发着光的人们。

 **杭雅伦致未来的学弟学妹**◀

　　有时候觉得，自己像是生活在别人的梦里，就像当初燕园的人们生活在我的梦里一样。但在经历了这些年后，我越来越认识到自己的平凡与幸运，越来越不喜欢把自己装裱到一个金光闪闪的名字里。因为我们，我和我身边的人，都只是普通的孩子，都爱哭爱笑，都相信梦想，都有过失望和彷徨，却始终相信着想要相信的。我的舍友和部长都是复读生，但生活的起起落落从来没有削去他们的棱角，那段难忘的岁月赋予他们的也是超越同龄人的智慧和成熟。北大从不是一个梦境，而是那样触手可及地真实地存在着，只有敢不敢，没有能不能。希望你们能和我一样，跨过障碍，来看看，未名的玉兰。

四 —— 能作茧自缚，必能破茧成蝶

Part 04

来，拉你进北大

这是一个"不良少年"的成长故事。

他生在一个普通家庭，成绩普通，长相普通，

小小年纪就与"混混"大哥交往，

学抽烟，追求心仪的姑娘……

用他自己的话说，这是作茧自缚。

但他闯进了北大，再用他自己的话说，这是破茧成蝶。

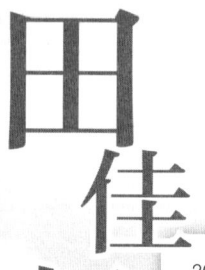

田佳轩

2016级北京大学历史学系

2016年宁夏回族自治区高考文科第64名，
国家专项地区第6名

座右铭：能作茧自缚，必能破茧成蝶

未名湖旁的花儿开了，一只只姿态轻盈的蝴蝶飞来，在吸足开春的花蜜之后，像醉了一般，翩翩起舞，舞出最优美的姿态，在阳光的映衬下闪闪发光，那么动人！这些可爱的生命从作茧自缚到破茧成蝶，经历了万般剧痛，只为赢得一个美丽的春天！

作茧自缚

⊙ 初缚：小小少年不学好

我的记忆大概一直可以追溯到小学，小学一年级到四年级，家庭普通，成绩普通，长得也很普通。总之，就是在孩子堆里根本没法辨认出来的那种学生，一切都是那样普通。

然而，这普通自五年级之后就变得再也不普通。

五年级，因为学校扩建进行了一次大分班，新的班主任不知道看上了我哪点，竟然点名让我当上了班长，年少的我没能经受住权力的诱惑。当了班长之后，自以为从此得势，便拉帮结派，还和班里的混混学生，甚至和校外没有上学的年轻混混们交往起来，从此，每周六晚必定是和那些混混大哥们一块混迹于台球室，到深夜才回家。更让人可笑的是，我竟然在五年级就喜欢上了一个女生，并且学着写了人生第一封情书，虽然不记得结果怎样了，但是这件事至今在心里难忘。

我还学会了和混混"把酒话天下"，虽无海量却可以豪饮一杯。更糟糕的是，我竟然还跟他们学起了抽烟，同学打着"用烟草做实验"的幌子从他爸手中骗来一包烟，然后周末的时候我们在某个小区里开始"腾云驾雾"。那时，年纪小小的我们已经以为自己是天下无敌。

⊙ 再缚：年少轻狂却无知

小学毕业后我以普通的成绩进入了县城的初中学习，要命的是父亲就在这所初中工作，所以在初一那年，除非身边哥们的邀请盛情难却，才去共饮一杯，平时我依旧做那个看起来老老实实的孩子。而且，到了初中，我也不能像小学那样在班里称霸，班长早已被人替代，如今只是没权没势的小组长而已，也不敢有大的动作，偶尔跟着外面的混混们去看别人打架，但是自己才不会冲上去，所以在初一那一年总结来说——"事业"碌碌无为。

历史就像是在重复，到了初二下学期，我们的班长突然辞职不干，可能他觉得当班长影响学习，于是班主任决定推行轮流制。历史往往又是那样巧合，刚刚轮到我当班长的那一周，我们班里一位同学和邻班的同学发生了冲突，眼看大战在所难免，我毅然决然带领全班男生和邻班男生干了一架，没有造成大的影响，但还是让班主任知道了。

当天一位同学的头被打破还去医院包扎了一下，我怕事情闹大，所以将事情原委和班主任汇报了一下，没想到班主任竟然夸我临危不乱，于是任命我和原来的班长共同担任班长一职，自此，我又得了权势，开始傲得不可

▶初二时的佳轩

一世起来。

⊙ 紧缚：站在悬崖边上

转眼间，大家都已经进入了初三，也开始紧张的中考备战了。这时班里恰恰来了几位补习生，而且全是女生，其中一个女生改变了我的人生轨迹，对我产生过不小的影响。

正处于年少的我，在荷尔蒙爆发的时期，在不该遇到的时候遇到了一位心仪的姑娘，而且自认为是班长很了不起，于是对那位姑娘展开了攻势，只是不曾想到这一追，就是大半年，这一追，从此让自己改变。

至今记忆犹新的是，那时每天都会给姑娘买好"爱心早餐"，写一段甜言蜜语，而且一天到晚只要是不上课的时间都会围在她的身边，缠来缠去。终于，她被我的执着小小地感动了，只可惜好景不长，看似甜蜜的初恋却活生生演成了悲剧。

因为后来姑娘还是害怕早恋会影响学习，所以决定疏远我。只怪我那时年少气盛，一点不顺心如意就作践自己，为了排遣心中的烦闷，一个人在下午放学的时候偷偷灌了两罐啤酒，晚自习十分嚣张地坐在教室里，还跑到讲台上和老师请教问题。最令人难忘的是那一次喝得难受至极，晚自习实在难以支撑下去，只好和老师请假到了父亲的办公室里，父亲没有责怪我，有的只是关心我说："不舒服了赶紧好好睡一觉吧。"

姑娘已经经历过很多，不论是已经参加了中考，还是家庭里的变故。而我，却只是一个幼稚的少年，所以我不仅伤害了自己，也伤害了她。因为自己整天心思不在学习上，本来还能保持年级前五十的我在模拟考试的关键时刻成绩一再下跌，本来人数不怎么多的学校，我考到了一百名开外，向来不太过分过问学习的父亲也开口了，班主任也开始施压了，再加上在那位姑娘那里遭受的各种"打击"，让我真的是感觉被绑得紧紧的，站在悬崖的边上，只要稍稍失去平衡就会坠落，在深谷里粉身碎骨，惨惨呻吟！

我浑浊的双眼望向崖底，不知所措……

破茧成蝶

⊙ 初破：悔悟就在一瞬间

距离中考大约还有50多天的时候，我整个人几乎处在崩溃的边缘。老师、家人、心爱的女生带给我的压力接踵而来。

但是，悔悟也许就是在那么一瞬间。

那会儿脑子里不断闪现着父亲对我的宽容，对我的信任。尤其是那一次：

2012年的最后一天——我的生日。

姑娘本来答应可以陪我一块过生日的，于是我和爸妈商量腾出家里，邀请很多好朋友来家里一起玩，爸妈为了回避去了姥姥家。那天我在家里等待着，很多应约的朋友都来了。然而，我最希望看到的那个人却没有来。我很郁闷，大晚上到她家门前抽了整整一盒烟，冬日的夜晚，瑟瑟发抖，直到很晚才回到家中来，进入卧室，看到父亲正坐在椅子上。

父亲是一个不抽烟不喝酒的好男人，他肯定能闻到我身上浓浓的烟味，然而他还是选择了宽容，他早已铺开了被子，看见我进来只是淡淡说了一句：

"晚了，早些休息。"

那一晚我做梦了，梦到父亲在台灯发出的微弱的光下静静地等待着他那不听话的儿子回来……

就是这样一瞬间，我猛然想明白了好多好多，好像一夜间从一个不听话的孩子变成了成熟的小伙子一样。我好像一个家庭主妇买菜一般精打细算地用着剩下的50天，我克服了睡懒觉的毛病，主动揽下开教室门的任务。从此，每早我都会第一个坐在教室里背课文。即使在下午课外活动短短的一个小时里，我也舍弃吃饭的时间，让同学给我捎一份饼子，在仓促之中啃完饼子继续"啃题"。

初三那年我的化学尤其差，我就弯着腰到班里的学霸面前请求他们给我仔细讲解，理解不了就直接背诵方程式，用学习文科的方法学习理科。我终于成为班里最努力的那个人，没有人再会用鄙夷的眼神看着我，我再也没有理会过那姑娘，就如她也再没有理会过我一样，真正的形同陌路。

那时才真正明白，那些校园青春杂志里的故事根本都是骗人的，没有那么多的校园浪漫爱情，更没有期待的长长久久、永不分离。身在校园，最好的本分就是做好自己，回归到自己的学生身份！

"功夫不负有心人。"终于，在中考之中我才算真正崭露头角，考了学校的第五名，这既在意料之外，似乎又是情理之中。

在中考后的报名中，我选择了离家四百公里的省城高中。

在临行的前一晚，初中同学在群聊里展开了激烈的讨论，当初和我一样考得还不错的人大多数选择了留在看似还不错的县城，而我更想去人才云集的省城。

"宁当鸡头，不当凤尾。"他们当初是这样说的。

我更喜欢充满挑战的人生。我还记得我冲动之下说："省城的高中起码每年可以考好几个北大清华，可是我们县城的高中从来没有过。"

那一夜，我深深记得我被人嘲笑了，"北大清华，你是要去考北大清华吗？"

是啊，北大清华是我从来没有梦想过的地方。

⊙ **再破：啃馒头，为的是省时间**

初赴高中，只能用一个词来形容——格格不入。

刚到这里我就意识到我和这里的同学差距实在太大。我们的高中比较特殊，是在全省范围内进行招生，几乎招收了每个市县的前200名左右，我当初在县里都已经100多名了。虽然看起来大家刚进来都是到了同一所高中学习，其实背后还是有很大的差距，尤其像我这种在中考前突击的，底子更是异常薄弱。

虽然我在初中的时候算不上很优秀，但起码不差，而如今地地道道地成为一名差学生，不过这对我这个从前不学无术的人来说还可以勉强接受。因为从前总是和混混们交朋友，我发现现在的我竟然和身边的新同学没有任何的共同话题。而且，我也看不惯好学生们的傲娇气。可是这里已经不是原来那个可以放肆的地方，不是初中那个看不惯就以拳头解决问题的地方。

我想到了最好的方法——超越！

高一刚入学一个月，我就对文科表现出浓厚的兴趣，对理科只能说敬而远之了。这件事还得从初三那年我和文科的故事说起，当时初三是在生物和历史两门中选考一门，我起初跟风选择了生物，结果每次上生物课的时候班里总是人很多，而旁边的历史班就很轻松。于是难以忍受如此庞大队伍的生物老师建议我们中间可以有几个人去旁边的历史班学习，想到当初喜欢的姑娘在旁边的历史班，一冲动就成了第一个站起来的人，虽然姑娘没追到，倒是和文科中的历史结下了最初的友情。

再后来，也正因为在初三那一年发生了许许多多的故事，我竟然疯狂地爱上了写作，我模仿着从校园杂志里看到的青春故事将我和那姑娘变为主人公来写我们自己的故事，渐渐的，也开始写一点别的东西，这也算是当初对文科的一种热爱吧。因为每一个文科生都感觉是很文艺的样子嘛，于是我就成了众人眼中"文艺小青年"。因此，别人在高一结束时还在纠结选科，而我，早在高中生活的第一个月后就决定了自己未来

要走的路。

选择文科，背书自然成了我的主要任务。

别人六点半起床，我就五点半起床。尤其是在冬天的清晨，我总是会第一个就从宿舍里出来到校园里背书，过上十几分钟我才会看到第二个人的身影。我每天见证着清晨的校园从黑暗到黎明的变化，我也无数次期待着自己的蜕变。

我听说在寒冷和饥饿的状态下人的记忆力更强，所以当初大冬天别人都在室内学习的时候，好强的我总是在寒风凛冽的校园里拿着书本一遍遍背诵，在背书后才去吃早餐，别人的早餐是拉面，而我啃馒头，为的是省时间。至今仍旧难忘冬天校园里那凛冽的风像刀子一般割在脸上，亲自体会过才感受到这个比喻是多么的贴切啊。

更难忘当初我的弱势科目——英语对我的伤害。因为初中没有好好学英语打好底子，而且省城高中的大多数人都是从小英语就非常优秀，所以我感到压力甚大。我刚进高中，班主任就给我们讲了这样一个故事，一位09级的学长刚进校也和我一样英语成绩很不好，他开始背诵《新概念英语》，而且取得成功。我对他的故事非常感兴趣，后来又找到了他的一篇小自传，从中我了解到，他也曾在寒风中苦苦背书，强逼着自己把整本书背完，而且还可以从第1课默背到第45课，最终在高考一鸣惊人，取得了全省第二的名次并且进入北大学习。于是，我就开始学习榜样，榜样的力量果然是强大的，我苦逼着自己从第1课默背到了第15课，可现实却也是残酷的，我的英语成绩还是丝毫没有起色，反而有了下降的趋势。

在困难面前，饱经风霜的我已经习惯了，已经可以做到习以为常。于是我又学习起了第二个榜样：11级的一位学长，他的故事同样感人，他也是一个从高一起英语就不好的学生，他学习英语的方式更是令人敬畏——背完了整整一本牛津词典，对，你没有听错，确实是这样，他的英语从八十多分考到了一百四十多，被北京大学录取。多么完美的蜕变！

雄心壮志的我也抱起了牛津词典，2427页，我计划着如何在两年时间可以背个差不多，每天背几十页单词，我几乎想撕

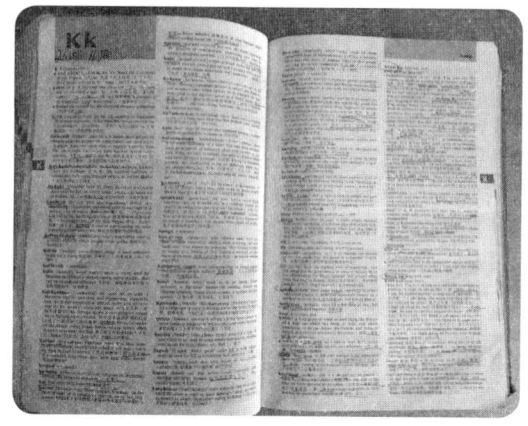

掉字典，想要一下子放弃一切，可是我不能。我想起父亲无声的教诲，想起学霸们傲娇的眼神，一切都像是一幕幕电影在眼前闪现，我在寒风中振作起来，我在烈日下昂首挺胸，只为了争那一口气！

⊙ 终破：只为给自己一个美好的未来

经过高一一年没日没夜的努力，在高二，我进入了学校九个文科班里唯一的一个尖子班，而且分班时的成绩是年级第一（即把选择文科同学的高一一年文科成绩进行排序，成绩靠前的50名进尖子班）。这是我人生中的第一个"第一"，我欣喜若狂，好像此时已经跨进了北大的大门一样。

在高二那年，好朋友钱思晨送了我一枚北大的校徽，我小心翼翼地捧在手里。是啊，从前从未想过，如今身在这个每年可以输送四五个清北生的高中里，我终于可以好好拼一把了。那时，我第一次尝到了梦想的甜蜜，就像一只蝴蝶在花蕊里贪婪地吮吸。

"试途"总不会是一帆风顺的，即使分班时的成绩是第一，可是高二的第一次月考我就在十名以外，我和班主任都十分意外。我努力静下心来，积极改正着错误，迎接以后的每次考试。虽然高二这一年除了最后一次一直没考过第一，但是我却收获颇多：

高二那年我疯狂地迷恋上一个人出去旅游，因为家离学校太远，所以只有寒暑假才可以回家一次，平时只要有两三天的小假期我都会背起自己的双肩背包走向远方，我转完了整个省的景点，尤其是省城周边的著名景点。我也依旧坚持着对写作的热爱，但这时不像两年前为了抒发心中的郁闷，而是享受写作的过程，因为持续的练笔，我非常幸运地连续两次在校刊发表文章并且文章都被放在了首页。

渐渐的，渐渐的，我才发现，自己学习自己的，做好自

己，成绩让自己满意就好，何必一直活在巨大的压力之下，永远那么在乎自己在别人眼里多么重要呢？

我依旧会在寒冬和暑夏努力学习，可是这次，不再是为了争什么恶气，只想自己给自己争一个美好的未来。

同时，我也庆幸，因为自己的努力，以及因为旅游和写作给我带来的轻松和见识，让我也变得越来越成熟。终于，高二的最后一次考试中，我重新夺取第一，这次是真正考了人生中的第一。高二，以第一开头，又以第一结尾，无悔！

我感到自己如释重负，好像一直破了茧的蝴蝶即将要飞向天空！

⊙ 笑到最后，翱翔天空

终于，学长们口中那黑暗可怕的"高三"来临了。

而我，重戴"第一宝冠"之后，在高三第一次考试就面临严峻的挑战。高三时班里来了一位补习生，听说他原来就非常厉害，只是因为高考失误没能进入顶尖学府，而是选择了补习。我本来自信满满，想他区区一个补习生、高考败将，能有多厉害呢？

结果却出乎我的意料，考试下来，他成了第一，而我是第二名，更可怕的是，他足足拉开我18分。从此，第一宝座又只得拱手相让，而我这个败将在以后的考试中不仅没能考第一，甚至连第二也不保，一直徘徊游离在十几名，连班主任都为我非常着急，经常开导我。

▲佳轩被评为三好学生

虽然考试一次次不尽人意，不过因为从前作茧自缚过，也破茧成蝶过，所以眼前的困难压根不会难倒我的。我努力调整自己的心态，虽然曾经一度放弃过考取北大的想法，但我还是坚持了下来。"万一不小心考上了呢。"我安慰着自己。

最害怕的还是别人对你梦想的质疑，我从来没敢公开说过北大是我的梦想，真正的梦想是藏在心里等到实现的那一天才要公之于世的。我也一直感谢在高中时候几位好朋友对我的支持。现在还记得当初迷恋北大到了不可自拔的地步。在最后将要高考的时候，成绩仍然没有起色，甚至是在十几名，于是断定自己与北大无缘。

我心里有了补习的想法。所以高考第一场语文只是感觉浑浑噩噩地做完了题目，直到下午考数学的时候我才突然惊醒。

其实到最后，谁要是在高考中能够放下一切，谁才能够笑到最后。于是，第二天的良好状态连我自己都可以感觉得到。当高考成绩下来那一刻，我无动于衷，但是，当北大的录取结果下来，我几乎哭了出来，这就是梦想的滋味吧！

不过，除了良好的心态这个软件以外，我们更需要硬件，也就是实力，学习上的实力！

⊙ **未名湖旁，博雅塔下**

如今，每日在未名湖旁，巍巍博雅塔下，回忆着曾经，感慨万千：

我们这一辈的青年学生中有一部分在优越的条件下选择了沉沦，在我们的父辈那个艰辛的岁月里，学习对于大多数普通人来说还是一件很奢侈的事，拥有自己的几本书就那么高兴。可是我们呢？我们虽生在红旗下，活在新中国，可是，我们从未珍惜过眼前的幸福。我们还一次次质疑高考，质疑我们国家的教育。试想，没有高考，我们的人才到底该如何选拔？没有高考的竞争，我们该如何摆脱上一辈低得离谱的教育率？尽管"一考定终生"有它的不合理，但是几十年来国家的努力已经确实让我们整个社会的素质有所提高，这一切都和目前的教育政策息息相关。我们还有什么理由去质疑？所以，作为学生，我们更应该做好自己的本分，在高中阶段就是脚踏实地，安心学习，然后到大学继续全面发展自己。

对于大学，我更想说，我们要有前瞻的目光，通过自身的努力让自己在高考后把握主动权去选择自己喜爱的大学，而不是让大学去选择你。我们更要选择一本大学、一流大学，因为你的个人风度和思考方式在很大程度上受你身边环境的影响。你未来想要结识怎样的人，参加怎样的活动，搞好怎样的学术，都和你现在在高中的努力休戚相关。

我也庆幸自己选择了北大，在中国学术的一流殿堂，每天可以聆听大师的教诲，

▶如今在北京大学依旧拼搏的佳轩

参加各种各样有意义的活动。

在北大，你将有机会见到无数中外著名学者，甚至，可能过几天某位国外的领导人又要来这里发表一场演讲；你将有机会到国外的一流大学交流学习，在这里你身边走过去的每个人可能在下个月已经到哈佛大学去深造了；你更有机会交许许多多贴心的朋友，说不定其中某一位在若干年后就是省市乃至中央的领导人呢。

优秀不是等来的，是拼出来的

走向成功，我们每个学生都应该有自己的学习方法，下面我就具体谈谈我高中时候是如何学习的。

⊙ 比别人多付出一份努力

我一直从骨子里认为，文科生，多半还是苦出来的，学习不好的不一定没下苦，但是学习好的肯定是下苦了。如我前面讲的那两位榜样学长，还有曾经网上沸沸扬扬流传的一位学姐——"贺舒婷"，在一个升学率极低的学校照样通过努力到了北大学习。

我在高三那年也还是保持着下苦的好习惯，每天别人只做老师布置的一张英语卷子，而我就做两张。别人下课在睡觉闲谈，而我用每天的六个课间十分钟完成一套文综选择题。永远拿大众的标准来衡量自己，怎么能够变得更加优秀？你的对手都比你更加努力，你又有什么理由再去放纵，我坚信只有比别人多付出一份努力，才能多一份收获与欣喜。

大家可以看看我每天的时间安排表：

时间段	学校安排	我的安排
5：30–5：50	–	起床洗漱
6：00–6：40	–	背书
6：40–7：00	早操	早操
7：00–7：20	早餐	回教室看书
7：20–12：00	上课	上课
12：00–13：00	吃饭	看书后匆匆吃饭
13：33–14：00	休息	看书后休息
14：40–17：20	上课	上课
17：20–19：00	课外活动、休息	读书、背书、做题、吃饭
19：00–22：30	晚自习	晚自习
22：50	休息	休息

基本上每天的所有时间都被安排满了，在学习的时候专心学习就是我们的任务。当然在周末，除了好好复习，我也建议大家适当地休息休息，劳逸结合，效率才高。尤其当你在一个不错的学校或者一个不错的班级的时候，更多的时候大家成绩有高有低的原因不是谁学了谁没学，更多的是谁会学的问题，是谁在考试中发挥得好的问题。

我在高三就这样依旧保持着自己有条不紊的学习节奏，不论春夏秋冬还是阴晴风雨，我还是早上起来做一个文科生该做的工作——背书，我会把老师最近布置的背诵任务完成，再将前面的内容进行一个巩固。

在做笔记方面，我用红蓝黑三种颜色的笔来记笔记，尤其是历史等任务量大的笔记，虽然记的时候辛苦了点，但是背诵的时候却更加容易掌握，因为当人一直盯着一团黑色的字看的时候难免犯困犯晕，用三种颜色不仅可以突出重点，还可以更加美观，利于背诵。另外，我记笔记的时候对于高频率的词经常简写，例如"马克思列宁主义"可以简写为"马列主义"，节省时间不说，背诵时任务量也减少了。还有，背诵的时候不要一直盯着笔记看，更可以合上笔记，像老师说的那样，靠自己的理解看是否能将笔记的内容复述下来，这整个过程都是对自我表达和概括能力的提升。

⊙ 发挥强科优势，不放弃弱科

首先就我比较擅长的数学来说。对于高一高二的同学，我们平时只要做好本分，不要好高骛远。听好每一堂课，在课后将老师布置的题认认真真做完，尤其是课本上的题。在平时的学习中我们总有一个困惑，老师上课讲题懂，自己下课做题懵。感觉听懂了，做题又不会。其实我们还是没有真正搞懂一个题目。题目千变万化，核心思想是不会变的。所有的考试题目不过都是课本学过的知识的延伸，所以我们要从基础抓起，在高一高二就为高考打下好基础。很多同学到高三了再去做数学课本上的题，做不出来的大有人在，所以我们应该重视高一高二时的基础。

而对即将面临高考的高三同学来说，在高三的一轮复习中，要跟紧老师的步伐，逐课消灭高一没搞懂的问题，力求每一课过去之后不留疑问。而等到二轮复习，这时候可能都已经离高考只有三四个月的时间了，这时就需要对往年的高考题进行研究。注意，不是简简单单地做一下就行，而是"研究"！像一个学者一样去对历年高考题进行剖析。

我当初就是先把7年的高考题做了个透，不只是做一次就够，每隔两周就做一次，细细品味其中的味道，这样才可以抓住命题人的思路。有句话说："熟读唐诗三百首，不会作诗也会吟。"同样，熟做历年高考题，就算不会出题但起码可以了解命题人的思路啊。我也很注重总结，我将历年的高考题"总结"在一张表格上，放在一起进行一个对比，你会发现很多题型连位置都是固定的，多年不变，有些题却又是一年难，一年简单。我们以及我们的家长总是热衷于购买各种市场上宣传的"学霸笔记"之类的书，可是我们为什么不能自己给自己编一本"学霸笔记"呢？我们完全可以通过对比、总结等来做自己的主编！

　　然后来说说我喜爱的语文。在高中的语文学习中，大家普遍有一种感觉，就是语文课上学习的东西好像永远和考试没有任何关系。尤其在高一高二时，每天不过是上上课文，赏析几个诗句，读读几篇文言文，和高考卷子不搭边。非也！高一高二其实是在提高我们的语文素养，在语文的学习中，我们一直以来非常注重素养，那些语文考高分的同学，你看看他们平时，大多数人会读很多书，所以在写作时好词好句信手拈来，而且，他们平时的谈吐也显得非常文艺。所谓读书有三到：眼到、口到、心到。我们的语文老师也经常会在上课前让我们先将诗歌或者文言文朗诵一遍，这样有助于加深理解。

语文有很多题型，在高三我们就会逐个题型进行训练，论述类文本、诗歌、文言文、选择题，都是我们训练的对象。这时候就要求我们注重准确性了，我们要从批卷人的角度去想如何让自己的答案更加令人满意。作文也令很多同学感到头疼，在作文方面，我们不妨虚心学习学习，去找找各个省市近几年的高分作文，看看人家是怎样写的，为什么人家写的就能得到高分，肯定有可取之处。

接下来说说最令我头疼的英语，英语当初是我的弱势科目。大家都应该知道短板理论，决定一个木桶盛水量的多少不在于最长的那块板，而在于最短的那块板。所以，一定、千万要重视弱势学科。就比如我英语不好，几乎一半的时间花在了英语上，那些好的科目你也要保持下去，最好可以进步一点，但弱势科目是有很大的进步空间的。我在高考的胜出和英语有很大的关系。前面也在我的励志故事中讲到，我先后背了《新概念英语》和牛津词典，虽然都有一定作用，但是其实对底子薄弱的学生还是有些不适合，我最后总结的最适合一般学生学习英语的方法便是（注意！只适合英语底子薄弱的学生，英语学霸除外）：

首先你需要背完高中十二本英语书上的单词，我们其实压根不需要找许多课外单词来背，高中书本上的就已经接近4000了，足够应付英语考试。另外，在高三的时候，我们可以多做做英语题。在英语考试中，选择题占了很大的比重，尤其是阅读，最好的方法也是多读几篇。尤其在高三，要坚持每天都做下去，保持自己的手感。部分省市还有英语听力题目，英语听力其实在高考中并不难，只要平时多听一听，然后将听力原文拿出来对照，也可以自己念一念，就可以轻松搞定啦！

最后说说让大多数文科生感到头痛的文综。文综中，有人说政治最难，有人说地理最难，也有人觉得历史最难。那么，究竟是什么最难呢？其实都是一样的，不同的说法是因为每个人对各科的学习程度有所不同。文综试卷主要由选择题和简答题组成，尤其是选择题，分值大。所谓"文科有风险，选择需谨慎"。而选择题又如何来提高呢？

做！只有做过大量的文综选择题你才会发现，其实考的永远是那几个核心思想。我们高中班主任就说过："不入题海，怎么逃离题海？你连题长什么样子都不知道，还说什么提高效率！"在简答方面，我们就要注意自己的格式规范以及卷面的美观了，其实在高考中阅卷速度是很快的，卷面是否美观已经极大影响了得分。另外，还要根据老师的要求合理答题，即字数适中、踩点拿分等，毕竟老师经历的比你要多很多，他们也知道高考要考什么，所以我们要相信自己的老师。

⊙ 做一个专业的考生

最后就高考来说，我想强调的是：做一个专业的考生！我们要了解一张试卷的布局，命题的核心思想，批卷人最想要的答案等等，要全方位迎接高考。我们在高考中不能永远只扮演学生的角色，也可以把自己想象成命题人、批卷人等。

我从不瞧不起学习不好的学生，但却不喜欢明明不努力还在抱怨考不好的懦夫。很多人总是口口声声说自己不适合学习，可是，他们有过尝试吗？何不静下心来好好努力一两个月，来看看到底是怎样的效果。在高中没有努力过的人，又有什么资格来议论高考的艰辛！

所以，"甩开膀子去学"（高中班主任语录），给自己一次拼搏的尝试，不逼自己一把怎么能知道自己有多优秀呢？

田佳轩致未来的学弟学妹 ◀

　　"当你的才华还撑不起你的野心的时候，你就应该静下心来学习；当你的能力还驾驭不了你的目标时，就应该沉下心来历练；梦想，不是浮躁，而是沉淀和积累，只有拼出来的美丽，没有等出来的辉煌，机会永远是留给最渴望的那个人。学会与内心深处的你对话，问问自己，想要怎样的人生，静心学习，耐心沉淀。"

　　这是支撑我高中三年的一段话。送给你们。

Part 05

来， 拉 你 进 北 大

他是一个留守儿童，

从小被寄养在亲戚家，

上学后受尽嘲笑与欺负，

处在"只要混完初中就去打工"的环境中。

自卑的他，却凭着一股劲展开双翅腾飞了……

赵威

2016级北京大学环境科学与工程学院

2016年安徽省高考理科第265名

座右铭：不在沉默中爆发，就在沉默中灭亡

人生就像一场梦，此话确实不假，虽然我仅仅是刚成年，然而每每回首往事，总有着如梦境不真实的感觉，再正视现实，总会感觉到如梦初醒般的惺忪与朦胧。

童年不同样

⊙ 被寄养，被嘲笑

我来自于一个贫穷的小县城里的小村子，小时候，我也是众多留守儿童中的一个，父母迫于生存压力外出打工，奶奶在父亲十来岁时就去世了，爷爷在我三岁左右因为肺病也去世了。先前我是被寄养在姑姑家，爷爷去世后，我就去了外婆家中，一直生活到八岁左右。在外婆家时，我有一个表哥和两个表姐，我们都是小孩子，当然就喜欢玩，外公外婆基本上也管不了我们，而且外公患病，几乎是常年卧床，外婆要照顾他，就更无暇管我们了。我最小，都是被哥哥姐姐带着玩。有一次哥哥从同学家借了一个小霸王游戏机，虽然当时用的是很小的黑白电视机，但是这丝毫不能抑制我对游戏机的迷恋。几乎每天的，哥哥和我都会玩很久的游戏，每次都是电源热得烫手才恋恋不舍地拔掉插头。长期的打游戏导致我的视力不断下降，在六岁时，我眼睛的近视度数已经达到了五百度，因此我不得不戴上眼镜，不然我坐在第一排都看不清黑板，被同学们看到后不免被嘲笑，好多次我都摘下眼镜，不愿戴着，度数就又加深了。

八岁时，外公因病去世，父母赶回来送葬，为了治好我的眼睛，他们把我带到了身边。于是我就到了江苏南通，在当地的一个村子里上小学。我的视力状况已经非常严重了，父亲带着我，坐了两个小时的客车去市里的一家大医院看病，被要求住院两个月，同时进行多方面治疗。具体的治疗过程我已经记不太清了，但是我却无法忘怀其中的一个治疗方式，就是要注射一种试剂到我的瞳仁里，而且不能使用麻醉剂，否则不仅会影响效果，还会损伤神经。我永远忘不了那种痛楚，打针时，虽然我极力地挣扎，但是依然免不了那刻骨铭心的痛。于是我学乖了，积极配合其他方式的治疗，以期减少被打针的次数。两个月后，我出院了，但是每个月都要回去复查。

⊙ 上课就像听天书

上学后，因为有地域差异，我和老师同学的沟通有着很大的障碍，前半学期我一直是懵懵懂懂地听着老师上课，其实我大多都听不懂。同学们从小都学了英语，而我在英语方面则一窍不通。由于我是异乡人，同学们很多都用贬低的方言语气称呼我，更有甚者，直接把我的书包踩在地上，课桌上一条"三八线"使得我只有不到六分之一的面积，平时生气了就当我是出气筒，当然这种人只是少数，但是已经严重地伤害到了我的自尊心。我去找老师反映情况，但是老师也只是睁一只眼闭一只眼，人家成绩好，我说再多又有什么用呢？第一次，我意识到了成绩的重要性，有了好成绩就可以得到老师的偏袒与庇护，而没有好成绩便是没有尊严的，是在老师和尖子生面前抬不起头来的，虽然我是倒数，但是我可不愿自甘落后。

⊙ 咬牙，流泪，背书

不知道哪里来的勇气和毅力，小半学期后，我开始了自学，每天早上五点钟起来背书，记忆一切书上要求记忆的。开始几次，我都是打着哈欠在被窝里昏昏欲睡地看着书，但这样是远远不够的，想着老师和同学们鄙夷的目光和冰冷的话语，我咬咬牙，一边默默流泪一边穿上衣服，静静地拿着书走到门外，借着微弱的灯光小声地读书。我是不敢打扰父母的，父母平日操劳也很辛苦，怕吵着他们休息，学校发生的一切我也没有告诉他们，不想让他们担心。父母是收废品的，文化水平也不高，在学习上几乎给不了我多少帮助，但是却对我要求很严格。每天早晨我都是这样努力地背书，早饭则是开水泡过夜的米饭，加上一点点的"老干妈"，然后自己跑着去大约五公里外的学校。

功夫不负有心人，学期末，我的成绩一跃到了班级前十，我能敏锐地感觉到老师和同学们对我的态度的转变，而我也渐渐地可以和那些所谓的尖子生们坐到了一起。他们是十分高傲的，也是十分看不起我这个外乡来的穷小子，即使我的成绩好了许多，但仍然落后于他们这些家境和成绩都碾压我的尖子生，其中大都是女生。我是不想被她们人身伤害的，自告奋勇地提出帮她们买零食，或许是这样她们才略微看我顺眼一点，我也才免受不少女生的联合攻击。

早起读书的习惯坚持了近一年，在第二学期末，我破天荒地考了一次班级第一，随后我就被重点关注了，莫名其妙地被加上不少光环，老师的夸奖、同学们羡慕嫉妒恨的目光接踵而来，渐渐地，我在不知不觉中骄傲了起来，也像那些所谓的尖子生一样，用一种俯视或者说是蔑视的眼光看待那些成绩不好的人，仿佛他们就是理所当然要被蔑视的，我忘了我曾经也跟他们一样。于是，我不再早起，不再认真听课，不再工整地完成作业和试卷。上天是公平的，很快我的报应就来了。第二年第一学期的期末考试，成绩出乎意料又在情理之中的差劲，老天跟我开了一个大大的玩笑，而我却笑不出来。试卷是要家长签字后上交的，我不知道拿着这样一份成绩单回家后会是什么结果，后来我知道了，我被父亲一脚踹了三四米远，趴在地上号啕大哭。我不知道是怎么睡过去的，我只知道我必须开始早起了。

　　第三年，成绩稳定下来了，出于对父母的惧怕或者说是对亲情的淡漠，原本就沉默寡言的我喜欢上了看课外书。一次学校图书馆翻新，旧书被父亲收购了，我在其中挑了很多我当时可以看懂的书，像故事书、自然科学类的书以及《十万个为什么》《科学导航》等。之后的假期我基本都是在看这些书，除了课本，它们几乎是我唯一能获得知识的渠道了。

青春的悸动

⊙ 外面的世界很精彩

上完五年级，我回到了家乡，我很敏感地察觉出两地的巨大差异。小升初时我以村里小学全校第一的成绩考入了乡里的初中。不知道为什么，班里的同学大部分都不是很重视学习，我也经常听到像"只要混完初中就去打工"这样的话，可能是家长自身对学习的不重视，认为读书是没有用的，还不如打工来钱快，也可能是当时家乡不太重视学习的大环境影响吧。班里的学习氛围不是很好，不，是整个学校的学习氛围都不是很好，每年能考上县城重点高中的人就三四十，而我们一级有七八百人。

学校里想要认真学习的人不是很多，大家的成绩也不是很好，根本没有什么竞争意识，不到一年，感觉大家都不认真，我也就没什么闯劲了，平常也不用怎么复习就轻轻松松地拿个年级第一，虽然我知道我不应该那么颓废，但是我也没有改变的原动力。初二的一次期中考后，毫无意外地，虽然我的分数不是很高，却还是年级第一，这根本不值得沾沾自喜。

班主任找我谈话了，他说，我是一个很有潜力的孩子，我不应该在这个小地方被埋没，我不应该只与这几百个同学比拼，他让我要明白，中考时，我面对的是一个县一万多名考生，而且其中有近三分之一是县城里中学的，以我现在这个成绩，在我们学校是第一没错，可是放眼全县，我有把握考进县重点高中吗？有把握吗？我一愣神，我真不知道自己到底有没有把握。班主任又说，他上一届带出来一个学生，现在在县重点高中排在年级前二十，如果不出意外的话，很有可能就考上一个名牌大学，那我一定也可以。随后班主任又补了一句，这次期中考是用县里重点中学的月考试卷，我的排名，以他目前打听到的消息来看，好像在两千名左右，可以勉强考上重点高中，但是我就甘心如此吗？我当然是不甘心的，小学在外面的三年，我过早地明白了什么叫作弱肉强食，什么叫作物竞天择，适者生存。没有好成绩就进不了好高中，进不了好高中就考不上好大学，就只能去上个职业高中或者技术学校或者就直接辍学去打工，这是我所不想发生的，也不愿它发生的。那三年看过的书告诉我外面的世界很大很精彩，我不可以在初中就沉沦。接下来的故事就很简单了。

⊙ 一种怦然心动的感觉

刚入初三的一次模考，根据班主任的说法，我已经可以考入县重点里的前一百名了，这样的结果我还是稍微有一点不满意，心想要进三十才行。如果故事这样平静地发展，也许前三十并不是什么难事，可是老天似乎就喜欢跟我过不去。模考过后一周左右，在学校的总结大会上，我不经意地一个回头，瞄到了一个女生，突然有了一种怦然心动的感觉，或许这就是传说中的一见钟情吧。接下来的三天，学不进去习了，天天想着她。我默默地故意路过每一个班级，不到半天我就找到了她，看着她那么认真地做着作业，呆呆地站到上课。经过多方打听，我知道了她的名字，知道了她是一个很热爱学习却总是学不好的学生，是一个懂事乖巧害羞说话不多的女孩子，没办法，喜欢一个人总是只能看到她的优点，缺点也是优点，更何况是在青春年少时。于是我就自己创造机会接近她，给她讲题目，每天晚上放学后去陪她一起学习，她的同桌似乎察觉到了什么，接着是我的室友，接着就是班主任了，不出所料地，我被叫去谈话了。

班主任声色俱厉地跟我说了一通大道理，最让我记忆犹新的是那一句"你要是不想上了就给我滚回家去"，当时的我被吓住了，一声不吭地回去教室，心想好好学习吧，晚上放学后还是不由自主地溜进了她的教室。近三个月了，马上就寒假了，在初二有了一个旧手机的我给她发了上百条信息，打过十几个小时的电话。我总是要拿第一的，必须证明我是最好的。期末考试来了，其实也就是一次模考而已，考完之后的当天晚上，我自以为自己考得很差，没去找她，一路流泪到宿舍，窝在被窝里抽泣，哭累了后不知道怎么地睡去。第二天晚上我才知道，我还是年级第一，但是我丝毫没有感到高兴，不能再这样下去了，必须要努力学习了。我一狠心一连一周没有去找她，也没有联系。本在我认真复习的时候，她突然发信息来问我怎么了，我只回了句没事。

真正的一模来了，全县前二十五。一时的兴奋冲昏了我的头脑，一个信息过去："我中考要是考全县第一我以后就娶你了！"过后想想，真的是太冲动了，她也只是回复说你是不是发烧了？中考是要考体育的，我知道每天早上五点二十左右她都会起来跑步的，我也知道她视力不是很好，于是每天我都顶着困意跟在她后面大概三四十米的样子。要考第一！必须考第一！接下来的三个多月，除了锻炼就是疯狂刷题，我一本资料都没有买，反正有上几届的学长学姐剩下来的旧书，也为家里减少了一笔开销。体育和理化加试满分。随着不断的高强度学习，我对她的喜欢也慢慢变淡，中考时也并没有了那么强的争状元的意识，只想着好好考过去就可以了。中考成绩出来了，全校第一是不意外的，全县就不是第一了，只是第四而已。但是我依旧开创了我们初中史无前例的好成绩，首次进县里前五。暑假她去外地亲戚那里了，渐渐地联系也就越来越少了。后来我们上了同一所高中，有点区别就是我是特尖班前五，而她在普通班中下游。

⊙ 专心做好手头的事

高中生活相比较是忙碌的，何况我是所谓的尖子生，假期补课什么的不在少数，而且还有各种竞赛上课，以至于我每天都行色匆匆，暑假不到两周，寒假不过一星期。县城就是和乡下不一样，虽说我成绩比较好，但是其他能力我就不行了，各个方面都不如城里的孩子，我知道这很难弥补，也几乎没有时间和金钱去弥补，我要想脱颖而出，只有学习一条路可以走。当然，我的成绩在班里还是过得去的，高中的内容相比较初中要困难很多，尤其是数理化，而且尖子班的学生几乎都要参加竞赛培训，为的就是通过竞赛获奖来争取名牌大学降分录取的机会。高一时文理没有分科，我也就借刚入学的新鲜劲和初中良好的基础，沉迷学习无法自拔，不够聪明的我只能靠勤奋了。

我的学习也还可以，没出过级部前五，周末和假期基本上都是在学校上竞赛课，一节课都不带落的，虽然不能完全听懂，但是我也是要尽量把竞赛搞好，即使当时我不知道上一个好大学会带给我什么，我只知道，我一定要上一个好大学。学校里之前考上北大清华的学长学姐的相片就展示在我们楼下，只要上下楼，必定会看到他们的身影，看着学长学姐们手拿录取通知书的笑容，我想我们每个学生都想上面拿着录取通知书的是自己吧。谁不想考上北大清华，可是我真的可以吗？当时我想我是不行的，它们就像天边的海市蜃楼，可望而不可即。高一很快就过去了，总体上还是比较顺利的，不知道为什么，只要我稍微顺利了一些，老天就看我不顺眼，给我设绊子了。

高一暑假竞赛上课时，我们班的班长带手机去看网络小说，出于好奇我就凑上去看看，结果却迷上了，这一看就不可收拾了。分科后的高二上学期，每天晚上放学回到家就是看小说，因为这个，我创下了自己熬夜最晚的纪录，白天自然是困得要死，上课头昏脑涨，下课倒头就睡，很明显的代价，我的成绩退步了，也创下了我的年级名次最低的记录，上学期的期末考试是级部十三，这是高中唯一一次出了前十。面对亲朋好友的质问，我是无言以对，痛定思痛后，我暗下决心，要用自己的双手夺回属于自己的荣耀。我知道我退步的原因，也就要对症下药。从寒假开始，我便不再碰手机，只想着要把成绩搞上去。我相信我一定会再回前五的，事实证明，我就是可以。一个学期的努力不是白费的，我的成绩渐趋稳定，而且当时要准备竞赛考试，忙碌的我逐渐忘了小说。

高三刚开始，竞赛就要考试了，我清楚地记得考数学初赛时的场景，前面的填空题回答的还不错，但是到解答题时，我过分纠结于第一道大题，就想着把第一题做出来再去做剩下的题。时间一分一秒地过去，我还是没有明确的思路，突然猛一抬头发现快没时间了，这时我才放弃第一题，开始第二题的解答，我有思路，可是还没写到一半，考试就结束了，遗憾地走出考场，心想肯定过不去初赛了，事实证明我就是没过。吸取了这个教训，在接下来的物理和化学初赛时，我先把试卷浏览完一遍，然后才开始答题，遇到没思路的就果断放弃，初

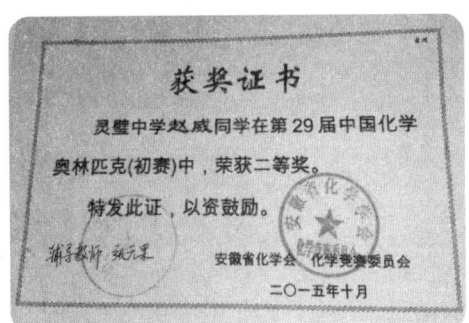

▶化学竞赛获奖证书

获奖证书

灵璧中学赵威同学在第29届中国化学奥林匹克(初赛)中，荣获二等奖。

特发此证，以资鼓励。

指导教师 颜元呈　安徽省化学会　化学竞赛委员会

二〇一五年十月

赛我答得很好，两科都过了。复赛很快就来了，接连两次坐四个小时的客车去省会参赛。那是我头一次去省会，在赛场外见到了许多来自全省的竞赛大神，我知道我可能会输，可是绝对不能后悔过来，抱着必死决心的我只能尽力地答完我所能完成的试题。后来结果既出乎我的意料却又在我的意料之中，复赛通过，化学是省二等奖，物理还要去一次参加实验比赛，去与不去的结果都是一样的，就是我物理是省二等奖。因为我根本没有接触过实验部分，我的家庭根本没有这个条件，而且学校那边也根本没有想到我会出线，进入决赛，历年来几乎没有同学做到过，自然就没有丝毫准备。对此我只想说一句："好坑啊。"竞赛的事就告一段落了。

　　一轮复习时，由于学校订的和老师赠送的资料不少，我也就没出去买。按照老师的思路，每天都有每天的任务，不想被别人落下的话，就必须按时甚至提前完成。班里有几个大学霸，天天没事比谁做资料做得快，上课也不大听，疯了似的做练习。首先我要声明这是非常错误的行为，但是老师也就睁一只眼闭一只眼，毕竟人家基础很好。有个学霸同桌的我实在不忍心看同桌的资料比我的超前三十多页，但又想认真听课记笔记，夯实我的基础知识，多次纠结后我选择了后者，由于竞赛我落下的一些课程是坚决要补回来的，决定打好基础后在二轮和三轮复习时再疯狂刷题。匆忙地度过三天的寒假，回来学校继续复习。很快地，一轮复习结束了。接下来就是暗无天日的刷题了，我很明确地知道，光靠刷题是不够的，于是我准备了复习专用的总结本和错题集，厚厚的复习资料和试卷硬生生地被我压缩到一个笔记本上，同一类型的题目虽然不在同一页，但是我都用相同的符号标记了下来，并且在每一题的旁边都记下了同类型题目的序号，以便我随时查找，并且每天进行归纳，归纳后记录到总结本上，这样就可以做到举一反三、触类旁通了。

我的化学老师每天都会发一套理综试卷，而且某些同学还能拿到更多的试卷，别人我不清楚，但是我每天中午往那一坐，不知不觉就是次日中午了。其他几科试卷都是看老师心情和学校的要求，时不时地把各地的模考卷发给我们，美其名曰叫我们多见见"世面"。入五月后，更是变本加厉，每天都是做不完的试卷。尤其是好不容易县教育局有个大型活动，给我们放两天假，不说其他科，只是理综卷就带回六套，理论上我们是根本完成不了的，只能起早贪黑地写，才勉强完成。

当时还有自主招生和高校计划的事要处理，时间就显得更加不够用了。尤其令我很愤懑的是，我的奖项是相比较多的而且都还不错，我报名了很多，但是我却连一个初审都没过。最晚的一个初审结果是在六月初出来的，没通过，我对高考的期待而又紧张的心情全被破坏了，本来还指望着靠这些奖项在高考成绩中加点分或者获得高校降分政策的眷顾，看来是没希望了。其他人过的还真不少，有的甚至过了三个！眼看着就要高考了，我的状态还那么低迷，班主任本来打算不找同学出去谈话的，看我状态那么差，不得已找我出去谈话。说实话，这次谈话可以说是改变了我的命运，具体说的什么早就忘了，我只记住了一句话，班主任用他自己的亲身经历向我阐释了这个真理：无论你在干什么，都要认认真真地做好它，而不去想其他的事情，即专心做好手头的事。这句话陪我走过了高考，因为它，我多考了至少二十分，这足以证明专注和良好的心态有多么重要！

⊙ 学校沸腾了，乡里沸腾了

高考前有三天假，为了防止我们懈怠，年级主任要求我们去学校自习，说实话，那三天我复习了很多东西，但是在高考中却一丁点儿都没考到。终于到了高考，早晨起来天气不错，临行前听了段自己喜欢的轻音乐，好好洗把脸，再喷点花露水，对着镜子摆个pose，稍稍臭美一点也无伤大雅，权当有自信了。别看外表很随意，内心真是挺紧张的，反正那两天觉是一点儿都没睡好，中午翻来覆去睡不着，晚上也只能睡五个小时不到，然后就失眠了。

第一场语文是相当坑的，题目难就不说了，手还直哆嗦，眼看着时间快到了，潦草地把作文结束，再大致看一遍，就打铃交卷了。中午没睡着，为了安抚浮躁的心灵，我又听了一遍上述轻音乐，重复上午的行为。数学卷子上来一扫心中一喜，最后一大题老师讲过相同的类型的，心里好激动啊。这时班主任的那句话就发挥作用了，一头冷水泼下，还是先做好基础题吧。题目不难，就是要讨论的太多，本身我写字就不快，写到最后一题，抬眼一看还有十八分钟，第一小问就讨论了很多，第二小问一看没时间了，直接套用自己总结的结论，唰唰唰地写上去，再大致检查一遍就交卷了。晚上直接熬夜看笔记，反正也睡不着，大概到了十一点半的样子，我才关灯睡觉，不知道是什么时候睡着的，早上不到五点就醒了。

理综时在我刚写上最后一笔，铃声就响了，立刻放下笔，等老师收卷子，出考场后想想都后怕，如果不是班主任的那句话，让我在最后克制住自己抬头看时间的冲动，或许我一看时间就会急得算不出来，脑袋一懵，六分就没了。考英语是最倒霉的，刚放听力就下雨了，使得窗外电动车的响声此起彼伏，听力听完，雨就停了，真叫人郁闷。郁闷归郁闷，题目还是要答的。硬着头皮写完作文，慢慢检查等着交卷。出了考场，虽然有些担心，也就随它去吧。

最后高考的结果也是出乎大家的意料的，高考前的几次模考我只是在前十前五徘徊，但是高考成绩出来后，我是全校第一，比第二名还要高出十八分，经过半个月左右的填报志愿与等候，我终于在网上查到了我被北京大学环境科学与工程学院录取的信息，整个人都松了一口气，其实等待这个信息的过程还是很紧张与煎熬的，比高考时还要紧张好多。

学校和乡里都沸腾了，因为我是乡里第一个考上北大清华的人，然后各种赞美都随之而来了。这时候的我已经没有了以前的傲气，过去的教训告诉我，我必须谦逊。其实我自己也是

很意外的，个人认为我是不应该考上的，但是结果是我成功了，我想这可能就是我以前所有努力的回报吧，冥冥之中自有安排。但是在这里我必须要感谢我的父母、我的老师，也感谢所有帮助过我的人，不然我都不可能被北大录取。

经验：勤能补拙

⊙ 高考不是考智力，考的是意志力

高考也好，学习也好，真不是在考验智力，更多的是在考验意志力，聪明的人往往会被聪明误，在求知与学习上姿态放低些才是极好的。我相信勤能补拙，因为我自己本身并不是多么聪明，就我们班的同学中比我聪明的一只手都不够数，全年

级比我聪明的少说也得上百，但是他们却不一定考试比我考得好，不说别的，勤奋是十分重要的，只要认真地去做，进步肯定会有的。高中仅数学笔记加上错题本我就有九本，现在有的遗失了，有的借人了，不要说勤奋没有用，要怪也只能怪自己没有充分发挥它的作用，我认为天道总是酬勤的。

⊙ 考前的准备不是白做的

有人认为自己就是成绩差的命，再怎么努力都学不好，这种相信宿命论的想法是不够好的，倒不是它不科学，而是我们可以换一种想法，我们的命运一半在自己手中，一半在上帝手中，失意时不忘自己还有一半，得意时不忘还有一半不在自己手里。在平时可一定要努力培养自己答题的习惯与意识，因为到了高考考场上，身体就不是你自己能控制的了，它会下意识地自动运行答题，这时你的心态可就决定着你答题的质量了。学过生物应该知道，兴奋与抑制时的身体激素分泌与大脑及各个器官的功能行使状态是不一样的，所以说要尽可能地在考场上保持好心态，毕竟我临出发去考试前的准备可不是白干的。平常月考什么的可以自己模拟练练，每次进考场时就在心里想着，又是一群来陪考的，总之进门时外表姿态放低调，内心姿态放高调，霸气侧漏，用气势压倒众人的目光，特别是那种进门扫一眼众人纷纷低头睥睨天下的气势，效果的话自己试试就知道啦。

赵威致未来的学弟学妹◀

开弓没有回头箭，争取破敌防卫线！借用一部国产剧主题曲中的几句歌词，相信自己的身体总带着潜在的能力，当你遇到困难的时候，第一个想到的就是奋战到底，要在恶念打击之前拿出你最大的能力反击，最终的胜利属于勇敢的自己！

六

且与天地共从容

Part 06

来，拉你进北大

她说，《飘》的结尾是这样写的：

Tara! Home. I'll go home. And I'll think of some way to get
him back. After all, tomorrow is another day!

所以，哪怕今天是乌云蔽日，明天，一切都会好起来。

就是这样的人生信条，将曾经不自信、迷茫、屡受打击的她，
送进了北大之门。

江雨荷

2015级北京大学口腔医学系（本科），
国家发展研究院经济学（双学位）
2015年安徽省高考理科第92名
座右铭：能作茧自缚，必能破茧成蝶
2015-2016年度北京大学优秀班干部
2015-2016年度北京大学优秀团员
2015-2016年度北京大学基础党课优秀学员

匆匆，时光是最矫情也是最沉默的长跑。昨日明明才看见栀子花开得轰轰烈烈，连鸟儿也选择沉寂，今晨便闻到桂花的清浅淡香。原来，我已经走过了高考。岁月无声无息，我们后知后觉。

记得高考前那段黑暗的日子里，总是莫名神游，想象着高考离我们而去的新鲜不受控制的生活。本来以为我这种理科生不常见的伤春悲秋的性子，日后必定触景生情，一弦一柱思华年时，必定千种思量，万般慨叹，然后无语凝噎，惟有泪千行。可当高考的硝烟散尽，我们各自走向天南海北，沉下心来追忆往昔，那些似乎必定会出现的汹涌澎湃之情绪，竟然觅不到一丝踪影。幻想与现实之间总是隔着一道鸿沟，如今自己的心湖平静得可以看见倒影，如同藏地里那一片传说能看到自己前世今生的纳木错，不起一丝波澜。再回首恍然如梦，当一切成为往事，便没有了撩动心绪的可能。

紫藤萝开得很肆意

⊙ 少年身上那股劲

2012年4月，校园报廊上的紫藤萝开得肆意，这是我初中三年在这株比我还大的老树上见过的最盛大的花事，花开如同晚霞。离中考还有两个月，我独自一人前去参加学科选修班的选拔考试。出校门的时候，门口的看门大爷依旧笑眯眯地和我打招呼，脸上的褶皱像秋天层层堆砌的菊花瓣，吞云吐雾间和我闲聊，"啥？学科选修班？那个班可难考哩。"当时我内心的神经已经被中考压得不堪一击，任何一句流言都可能成为压倒我的最后一根稻草。大爷看着我泫然欲泣的表情慌了神，急忙掐灭了手头的烟，"哎呀，每一年都还是有考上的人嘛，我看你就很有希望！"大爷的眼里带着和煦的笑意，莫名让我的心头好受许多。作为一个成绩中上但是始终挤不进顶尖行列的孩子，中考对我，相当于一个分水岭，我的压力可想而知。即便是赤裸裸的安慰，也能成为我汲取动力的源泉。

我毅然决然地去考了，不管前路多么迷茫。现在看来，少年时那股子一往直前的孤勇仍让我感动到落泪。

不甚记得考试那天的情景了，就像六月天空里那朵稀薄的流云，早就无声飘散了吧。只是清晰地记得自己站在古朴雄浑的建筑物的门口，看着建筑隐匿在绿树流水的软调里，满面的书香气味就这么冲进鼻腔。4月还有些微凉的风拂过我的额头，心底有一个声音在回荡：要是我能来这里读书，该多好。

许是老天听到了我虔诚的祷告，被眷顾的小女孩终于将日日夜夜编织的梦变成了现实，真实可见，触手可及。

⊙ 开学那一天

2012年9月，我15岁的生日还在遥遥期待。开学那一天，我起得很早，墨黑的夜色还没有完全褪去，只听见昨夜未干的水珠砸在青石板上，叮咚有声。父母都陪着我去了学校，走到门口，未散的雾霭模糊了他们黑黢的身影。渐行渐远，身后却始终有什么紧紧相随，是了，是他们天涯海角誓死不灭的惦念。人生永远都在上演一幕又一幕的离别聚散，我们徒留无可奈何。我只能把步子迈得更坚定，再不回头。

生活开始以一种奇怪的姿态在我的时空里奔流而过。欢腾的新生开学典礼落下大幕，三年的高中生涯徐徐铺开。当然，彼时的画卷是空白的，只管等我们去勾画涂抹。而彼时的我们如此天真稚嫩，全然不懂时间的残忍，而自己，可以何其强大。

⊙ **被挥霍的青春**

才进入高中的那段日子，真是我头15年最黑暗的存在，没有之一。班上大牛济济，不一而足。没有拿得出手的才艺又成绩平平的我笼罩在他们刺目的光辉里，把自己默默藏进阴影。寝室也没有初中时在家里那般舒适惬意，每个人都在学习，空气安静得像是停止流动，连喝水都像是过错。在这种近乎刻意营造的静谧里，压力铺天盖地，如影随形。向来随性散漫的我只觉得压抑窒息，受不了的时候就躲进洗手间，对着镜子发呆，想自己的爸妈，想自己的老友，想自己曾经的同学和老师。往往是想着想着眼泪泛滥成灾，哭好了再擦把脸若无其事地回到书桌前继续煎熬。我总是在练习一个人，习惯一个人。一个人去吃饭，一个人去自习，一个人上下课，一个人走在晚上回寝室的路上。沉默是脚本，回忆是安稳，没有人见证。夜空里漂泊的星子发着遥不可及的微光，如同我漂泊无处可放的心。

时间可真是最好的良药，熬过了适应期，日子便一天一天地好起来。像是冬天濒死的树木拥抱着灿烂的春天，满心满眼都是温暖惬意。我有了自己的朋友，死党，闺蜜，老师同学也慢慢变得亲切熟悉。我们听语文老师操着他的二级甲等普通话，慷慨激昂地朗诵缠绵绮丽的诗歌，毫无违和感；我们看数学老师在黑板上洋洋洒洒铺满公式字母图形，肆无忌惮地蹂躏着粉笔的青春。我们在政治课上昏昏欲睡，只留老师无比敬业地说着那些听不懂的马克思原理，知了嘶鸣催我们入梦；我们在英语课上昧着良心觍着脸夸老师妩媚妖娆，只为老师龙心大悦免了我们的罚抄，诚实被抛在了夏日随裙摆荡漾的风里。也曾在试卷发下来的那一刻心如刀绞，发誓从明天起天天向上，也曾于大考结束后如释重负，咬着冰棍看林荫道旁绿树葱茏如烟。于是唇角常常翘起，生活其实美好如昔。

两年的青春就这样被我们肆意挥霍。我记得你干净的笑脸，纯粹热情如三月艳阳天；我记得他害羞的眉眼，颊飞红云娇羞如莲；我记得她盈着泪的双眸，点点滴滴皆是少年离愁；我记得自己在大雪天疾步奔走，只为甩掉眉间莫名烦忧。老来多健忘，唯不忘相思，这些，我都记得，因为如今，只能记得。时间决绝不肯停留，我只希望，我从来不曾忘记过，是谁，温暖了我的岁月，惊艳了我的时光。

恍然回首，自己最在乎的不是那一次次的期中期末，不是那没完没了的作业，也不是老师赞许的目光，是自己啊，最在乎的还是自己内心的感觉啊！在那些柔软的日子里，仿佛黑色的陶罐剖开一个裂隙，露出里面莹白的软玉。真正的自己，才是最该在乎的，学习的生涯不过是磨炼，老师的管教不过一时，唯有真心欢喜着，方得长久。

合欢在祭奠我们的青春

⊙ 未命湖水搅动了谁的心湖

还是逃不过既定的命运。来不及畏惧，迷茫，甚至来不及抗拒，高三已经呼啸而至。一轮复习举着大旗，雄赳赳气昂昂地带领着语数英物化生大军向我们发起攻击。这是一场最漫长，也最艰苦卓绝的战役。一本本空白的笔记本张着大口，等着我们一个字一个字地将它们填满。那些数不清的知识点，调皮顽劣如古怪精灵。明明前一天晚上还在你的脑海里苦苦折腾了许久，今天便倏忽不见，让你直感觉昨晚的辛苦背诵记忆是繁华一梦，梦醒之后，梦中如何，便忘干净。更普遍的现象是，这本书的知识记得差不多了，上一本书又不知今夕何夕了。翻开身边同学的笔记本，哪个不是五颜六色，缤纷如草长莺飞二月天，各色的标注，下划线，圈圈点点，箭头波浪，恨不得用上所有学过的几何图形。在高考的这场旷日持久的战役里，我们付出的，是青春里最珍贵的，时间。

不知道自何时起，北大在班级的出镜率开始节节攀升。动员会上老师做的幻灯片里，未名湖水悠悠涟漪，不知搅动了谁的心湖。一些同学的笔记本或是课本扉页里，各色记号笔划出的印记，字体张扬或内敛，都是那两个字所承载的最珍重的梦想。寝室里最显眼的地方总被这两个字占据，前面一般会有"杀进""征服"等字眼，凶神恶煞，杀气腾腾。但我想，北大出现最多的地方，应该是大家的心里吧。譬如我，只会在做梦包括白日梦的时候，才会小心翼翼地以手为笔在心口刻画这两个字，虔诚如朝圣信徒，还是不为人所知的信徒。因为我清楚自己和北方那座学府的差距，并没有将它说出来的勇气。我害怕一说出来，就会被别人质疑诧异抑或故作相信并善意鼓励的目光刺得体无完肤。这是我心底最隐秘的梦想。也许只有班上那位永远占据第一宝座的女生才有实现的可能，我一直这样认为。

⊙ **"人都应该有梦，有梦就别怕痛。"**

我们高考前十次月考，第一次，第二次，第三次，我都是被打击得头破血流的那一类人。似乎陷入了所谓的瓶颈期，无论怎样改变方法，都逃不脱考砸的厄运。尤其是那场传说中可以预测高考成绩的联考，砸得一塌糊涂。而后紧接着自主招生的结果出来，又是失望至极。那一段时间，双重打击下的我几近心灰意冷，北大的梦想支离破碎，连想一想的勇气都消失殆尽。北大的阴霾在我心里翻滚汹涌，遮天蔽日不留一丝光亮。我实在不知道如何面对我的爸爸妈妈。妈妈为了我特意在最后一个学期赶来陪我，简陋的房子里没有什么东西，每天给我做饭洗衣后便只能抱着部手机听广播，来打发大片大片空白的时间，在黑洞洞的房子里一个人等着我回来。她没有人可以说话，偌大的屋子只听见寂寞来来回回穿行的声音。有时候还要忍受我的无理取闹，每次我发脾气后，她只是默默不言伏在阳台栏杆上向外看，那样苍凉而萧索的背影，当时不觉得心酸，现在想起来歉疚得想要抽自己。

父母永远都在包容自己的孩子，无论我们如何任性自私不懂去爱。

翻出那时候写给自己的话，多是一些励志箴言，歌词居多。像什么"人都应该有梦，有梦就别怕痛"，张韶涵的歌声里永远洋溢着最炫目的阳光，像什么"努力地向前飞，再累也无所谓"，张杰是真正走过低谷的人，所以才能表达出这般披荆斩棘的心志与勇气。现在看来，当时的我似乎冒着些许傻气。可谁又明白，在那些阴云密布的日子里，几近绝望的我就是以这些不够深沉不够美丽的文字为支撑，自己给自己打气，一步步穿越黎明前最浓重的黑暗，企图拥抱那片最温柔的晨曦。

⊙ 风雨过后的彩虹

高考那两天天气很好，晴朗的天际有飞机轰鸣着划过，留下一道纯白优雅的弧。是谁的裙摆于风里摇曳起微不可见的尘埃，浮沉若絮，恰似我们奋斗了十二年微微躁动的心。考场里听不见写字的沙沙声，全被四面八方潜伏的知了声嘶力竭的演奏湮没。坐在后面的我依稀可以听见墙上时钟滴答走动的声响，一下一下仿若敲击在心上的鼓点，撩起几丝烦乱。于是偏头，窗外斑驳的树影无声静好，带着心绪也坦然下来。每一场考试完结，都会有一些忐忑，语文作文似乎没有切题，数学压轴题答案没算出来，文综时间有些紧，英语也有几个单选不确定。终场的铃声响起，我看着身边一张张或欣喜或不安或如释重负的面孔，感受着他们的五味杂陈，自己心里却有些茫然，这就结束了吗？

路边那一树合欢开得繁盛，祭奠我们聚散匆匆的青春。

之后便是等待。和闺蜜结伴走过了青岛北京天津连云港一线，又和驴友一起自助游云南，在所有人面前我都很淡定，就像这真的只是一场考试，只有黑夜里默默不断刷新的网页泄露出我的焦急。家里比学校还猖獗的知了更惹得我异常烦躁，妈妈开始给我参谋估分多少，要填报哪个学校，从清华北大到前十到985再到211，妈妈说，丫头啊，没关系的，尽力就好。

分数出来之前觉得自己最多填个南大吧，北大的梦已经不知道飘散到哪片国土去了。却是北大的直系师兄先打来电话报喜，当时还不敢置信，直到自己查到了分才明白这不是梦境。我坐在一旁看爸妈捧着电话一个接一个拨号，眼角的皱纹也变得生动起来，心里沉沉的，不辨悲喜。两个人的鬓角新染的霜映着面上酣畅的笑意，无端地让我难过，我总算没有让你们太失望，我酸酸地想。

当一切尘埃落定，生活重又恢复宁静。

曾是惊鸿照影来

⊙ 黑色陶罐开始碎裂

我不确定在高考前那段黑暗的日子里我丢失了什么抑或是得到了什么，就像奔流而过的大河里总有被遗漏的金砂。不去刻意回顾那段被知情者不知情者渲染成洪水猛兽的过往，就像大水流过河道，水过无痕，只有亲身经历过才知道。

高考，在中国的学子看来，是一个严肃而且无比神圣的字眼，周围的人总是在和我们说"高考是决定命运的关键"，我们也在潜移默化中把高考看得那么重，反而失了自己的平常心。不是不承认高考的重要性，而是所有人都习惯性地表达出来：高考很重要，就像骆驼身上的稻草，总有超重的一天。高考考的是什么？在我看来无非两点，知识点和心态，有些时候后者所占的比例甚至高于前者。

我们的心在周围人的不断说道中逐渐被包裹，像是坚硬的黑色陶罐，把自己隔绝，只会机械地重复任务重复做题重复着一日又一日的单调日子。所以高三的日子是难熬的，我们都在等待，等待一个突破的机会。

某一天，一件小事，让自以为固若金汤的防守裂开一个小口，然后你的黑色陶罐开始碎裂，就像真正的陶罐碎裂一样，先掉下来的是陶罐的一角。晶莹柔软的内核包裹从黑黢黢的罐子裂口探出头来，闪烁着柔和的光芒，如同上好的水晶经过洗礼，愈发让人移不开眼。谁都无法预料那件小事是什么，在何时何地发生，这也是生活本来该有的样子——因缘际会。当你的心你的柔软你的内核暴露在空气之中，就像山涧里迸射出的一线灵泉滴落在顽石上，发出清脆好听的声响，这声响，让人放松下来，安宁下来，在纷纷杂杂充斥着浮躁和狂妄的世界里是你的精神依靠。所以有人说：你的依靠从来都只有你一个人。

⊙ 自己拯救自己

你千万要认清这件事情，在一个十几万人甚至几十万人同台竞争的屠宰场上，所有人都是一样的，没有任何的特殊，你的意外你的失误你的过错都是自己承担，平时待你再好的亲人，此刻都是局外人，只有身在考场上的你们，是局中人，相互竞争的关系让你们无从依靠，洪水中的一叶扁舟，可以这么形容吧，可能比这个更甚，无助和恐慌随时随地可能袭击到你，无意间从别人口中听到的消息或者是答案都有可能让你瘫痪，只有你自己的精神依靠可以帮到你。所以，请抓紧时间，修炼自己的精神，让自己变强。我所谓的变强，是说要经得起挫折扛得起嘲讽。高中的时候，一路顺风顺水过来，我的班主任在高三初始的时候告诉我："江雨荷，你高三一定要栽跟头，不然你高考会吃亏。"我一开始并不相信，直到某次月考我发挥失常，面对老师家长同学，我的心里差距超出我开始的预计，我才恍然大悟，这才是成长，一种抗压性的成长。捧杀捧杀，先让你达到一个权力和名声的制高点，当你放松警惕，你看似严密的防守实际上已经被疏忽，这时发动进攻，必定一败涂地。一路顺风顺水永远被捧着的人，总有一天会放松警惕，只有亲自经历过跌倒和爬起，亲自面临过嘲讽和责难，亲自和着血与泪一步一步站起来，才会锻造出璀璨的内心。

我会接受别人，老师同学的帮助我不会拒绝；但是我绝不会依靠别人，因为关键时刻能拯救你的只有自己。

高考过后，很多人来问我："小丫头，你怎么学这么好？"

考试之于我，无非是一场博弈。博弈的双方是我和出卷人，博弈的公正者是评卷人。学生，是知识的接受者，我们作为博弈绝对劣势的一方，不可能凭空上阵，需要用知识来武装自己——这是大博弈。学习之于我，也无非是一场博弈，博弈的双方是我和课本上的知识，博弈的公正者是老师。我作为博弈中需要加强力量的一方，必当是尽全身力气去吸收对方的长处——这是小博弈。博弈讲究方法，就像下围棋时候金角银边铜肚皮的铁规，首先要做的就是端正态度，把每一课堂所授之物当作珍宝，河水灌溉田野，总有堤坝限制其自由，否则就是洪水猛兽，我们也是，需要这样的铁规去约束自己，不必打着兴趣爱好自由成长之类的下等理由为自己开脱；其次是做好分内的事，预习复习刷题考试，都是这场浩大博弈的分内之事；再次，博弈讲究的就是不确定性，在心里一定要清楚，没有尽到本分，不确定性中越不利，尽到本分，虽不可确认结果，在不确定性中对自己越有利；最后，大家都应当去看看桥牌，桥牌就是一种智力的博弈，博弈中决定胜负一瞬间的就是心态。

博弈，讲究的是结果，无论博弈双方的心里如何挣扎，体现出来的只有那张薄薄的纸片。在这种被命运无声无息操纵的博弈里，丢失了什么抑或得到了什么，似乎不再重要。当成为博弈中那个可以藐视对手的胜者，我的心态似乎只能有下面这句话来概括吧：

伤心桥下绿波春，曾是惊鸿照影来。

⊙ 岁月长，衣裳薄

从没有一个三年，会像这个三年过得一样快。时间像夏季的阳光一样汹涌磅礴地流淌，我却不能伸手抵挡什么。于是伸展四肢，向上，向上……我感到一座古老的铜钟在云彩之上发出震人心魄的巨响。

当……当……当……只三下，三年已过。

时间的川流中，岁岁年年，堇花开落；无人支枕，河流仍在。

一路乘了七八个小时的车，翻山越岭，依着山路而行，颠簸起伏，从艳阳高照到乌云蔽日再到云霏洞开，周遭见过岷江水急白浪滔滔，也曾历过大片薰衣草灿若明霞。而此刻的我，正在海拔四千米的黄龙山腰，努力克服着高原反应。

——涉尘，归径，上下求索。

恍然觉得，这沿途的行迹像极了这些年一路走来的经历。或许也曾有过疲累有过倦怠，然而当车辙被沙尘掩埋，深留在岁月深处的，却是那些至今仍旧生动着的时光碎片，琐碎但熠熠生辉。

过往的行程中，会有那么一帮人，怀揣着差不多的梦想，脑子里满是相似的古里古怪的想法或是捧腹的段子，为了共同的东西发生化学反应，生成咕嘟咕嘟的情绪气泡。学生时代的他们陪我光着脚丫子在新路上奔跑，跑过四季，跑过悲喜。现下，从这里起身，往后再去走一段新的行程，我们又会不期然地与许多形形色色的人相遇，去创造出不一样的故事——会是什么样的人、什么样的事，我们忐忑而期待。

"之行，如果有天我们湮没在人潮中，庸碌一生，那是因为我们没有努力活得丰盛。"写这话的人又说，"世界之大，我却不知其折或远。"旅行的意义，便是在于遇见不一样的人，吃不一样的美食，见不一样的风景，去实现每一个平凡人心中那份生活在别处的冲动。北大，或许恰似我此刻身在的高原。我一路为着心中的那份风景而登攀，分花拂柳而来，行经山重水复，也终于是柳暗花明。极目望去，路一直延伸，远处还有更高的山峰等着我去攀登。

岁月长，衣衫薄。高中已然走到了这一支时间之河支流的尽头。有一些敏锐的探知神经已经宣告退役，化为抬升河床的沙土，有一些失去的都被永久浸存其中。

而此刻，天是湛蓝，地是草绿，各色不知名的野花兀自摇曳盛放，远处青山叠翠，近处绿水微澜，无悲无喜，山河岁月。我的旅行行经此处，我已满足。未来的路，我会好好走下去。

⊙ 燕子腿上的诗

诗人说，他青色的眼睛里，年华不朽。

刚入学的时候混迹于北大贴吧，曾看过一篇用亲身经历介绍我们这些普通省份学生进入PKU后如何被一些北上广江浙大神狠虐的帖子——不得不说，催人奋进，却也无限心酸。其实对这些，早已经有所耳闻，并非是缺乏自信，只是清楚未来的同学都是来自天南海北最优秀的学生，其中不乏许多来自经济强省、教育强省——碾压是在所难免。有时候，我也会想，我们与一些发达地区的差别究竟在哪里，或许这个差距是多方位的，是日积月累而成的——差距固然存在，但这却并不意味着我们就一定要认输，至少，我们仍旧有着一腔热血与勇气，仍旧拥有这样一份机会去努力。

青春从来不是过去式，也从来不是曾经沧海难为水。

这也许是在这个黎明，我脑海里浮现出来的头一个想法。

《阿飞正传》里阿飞说，这世界上有一种鸟没有脚，它一直一直地飞呀飞呀，飞累了就在风里面睡觉，一辈子飞一次。我说我一直在飞，只是有时低空飞过，只盼望以后翅膀扇得用力些，飞得高些，看得远些，既然不落地，有风伴着，总归要去看看广袤苍茫的草原，去看看落满星子般透明的溪流，去看

▲我在"飞"

看美得辉煌的大海夕阳，去看看萤光森森的猫咪森林，这样飞一趟才算圆满。

很久以前，人们不知道燕子在哪里过冬，有一天，一个人在纸上写了一首小诗，绑在这只燕子的腿上，于是，这只燕子就带着这首小诗飞走了。诗是这样写的："亲爱的燕子，你是那样的忠诚、可爱，请你告诉我，你在哪里越冬？"到了第二年春天，这只燕子翩然归来，忽然，他发现燕子的腿上绑了一张新纸条。他急忙把纸条取下来一看，上面写着一首小诗："这只燕子的冬天很温暖，它在雅典爱脱文的家里越冬。燕子另一方的朋友啊。"

我的大学时代，我已经飞来了。希望平安喜乐，希望努力能有回报，希望雅典的爱脱文的家依然存在，让我能够看那里温暖的景色，达成我微薄的所愿。

江雨荷致未来的学弟学妹◀

我套用七月六日Next Day中的一句话：当你的岁月酝酿成红酒，仍可一醉自救。再或者，我希望我的过去、现在，甚至是未来可以是这个样子：

酿岁月成酒，把酒祝东风，且与天地共从容。

送给你们。

七

四年一梦

Part 07

来 ， 拉 你 进 北 大

"学渣"，也有春天。

"丑小鸭"，也能变成"白天鹅"。

不过是行动的问题。

陈柱玲

2015级北京大学中文系
2015年云南省高考文科第32名
座右铭：没有梦想，何必远方

上高中的那个时候，我和茵子住一个宿舍。她喜欢大声笑，喜欢和我吃一碗泡面，喜欢每个星期回家。我们都有一个共同的身份：学渣。

但是，我们都圆了自己心中的梦。

"祝贺你，努力就有收获，真好。"

我考上北大时茵子的这一条消息，让我想起我的高三和高四。

梦着鲜衣怒马的诗与远方

⊙ 不着边际的梦想

高二分文理科后，我和她都选择了文科。我看着分科成绩单上自己倒数的排名，似乎也觉得没什么。后来每次考试过后老师都会念名次，而我听得昏昏欲睡时还没听见自己的名字，回家从不和爸妈提成绩的事，直到后来他们也不想问。丢在人群里，我是哪一个爸妈也认不出来吧。我有点恨自己灰头土脸，像一只丑小鸭，说话都唯恐有错，我恨这样无能为力的自己。

"到北大，无论三年还是五年。"

我把它贴在在桌子上，压在一本本书下面。"余敏洪用了五年呢"，我这样鼓励自己，最后我用了四年。

现在回想，那时真是不知天高地厚，可也只有在那样的年纪，敢握着班级五十的名次宣称自己要考上北大，敢说那些不着边际的梦想，苟且在一堆堆的书里，梦着鲜衣怒马的诗与远方。

俯首在书里的日子开始很难熬。平时一个大呼小叫的人突然就安静了，像是把一个多动症患者绑起来，不让她动，而这个绳索是我自己，危险而坚强。我在语文作文中写"书中自有颜如玉，书中自有黄金屋"这样的话耳熟能详，倒背如流，可面对十道有八道看不懂的题，我觉得书中是有我看不懂的黑洞吧。

为了适应这样的生活，我坚持给自己定目标，每天要完成的任务我都写在纸上，贴在桌子上。常常写的是语文数学英语政治历史地理各一张卷子，写完一份后打上一个钩，那种心满意足的感觉就像是辛苦种地的老农终于收了麦子，感动不了别人，倒感动了自己。我永远记得早读时从一个字母的英语单词背到十一个字母；从关关雎鸠背到浔阳江头夜送客，此时无声胜有声；从五代十国背到西藏解放；从国家性质背到唯物主义唯心主义；从喜马拉雅山背到马里亚纳海沟，我看黑板的时候，眼里一定有星星。

⊙ 我们怎么越来越远

我兢兢业业努力的同时，茵子还是一副潇洒自在的样子，上课打着盹吃着零食，嘻嘻哈哈，我渐渐与她有些疏远。

第一次月考过后，我的成绩有了很大起色，学习对我来说，开始变得容易，我也加倍努力，生怕丢了这份来之不易的自信，在还没有露出光线的黎明背着诸葛亮的《出师表》，一遍遍重复"先帝创业未半而中道崩殂"；午休时在别人的鼾声中写着曲曲折折的数字，背民主集中制；在夜里打着手电对看中国地图世界地图，我只有一个信念，考个好看的成绩，能拿得出手给父母。

生活总是在你得意扬扬的时候给你当头一棒，让你认清自己，不至于忘形。期中成绩单出来后，我第一个跑到学习委员那看，可是找了半天也没找到自己名字，看到最后二十个时，我忽然不敢看了，默默回到自己座位上，很平静，好像什么都不知道，却不说一句话。

当时是七月，七月流火，九月授衣，大风呼呼刮过，窗子发出咻咻的声音。我向外看树叶在风中不停摇头，仿佛在嘲笑，教学楼的阴影躺在地上，一动不动，星星虚无缥缈，摇摇欲坠。我对着黑暗愣了一会，回过神来时听到茵子的笑声，她站在讲台上，在英语老师刚刚拿来的试卷中找自己的，她一向英语很好，可是也挽救不了她倒数的名次。我起身去找自己的试卷，恰巧试卷旁边放着成绩单，我瞟了一眼，就这一眼，我看到茵子的名字在成绩单的上半部分，我几乎是有些颤抖地细看，明黄色的灯光下，她的名字让我有些晕。

就是自那以后吧，她的成绩越来越好，我们越来越陌生，在我心里她不再是和我同一阶级的学渣，而我好像怎么也赶不上她。她坐在我前面，每次上课看见她都觉得眼睛涩涩的，她像一个闪光点，发出耀眼而尖锐的光。后来抄读书笔记，当写到"太在意一个人，她就会成为你的阴影"，我第一个就想到她。

学校里有广播，每逢下课或是放学便会放新闻或者音乐，在任何电子工具都会被没收的岁月，广播算是唯一给生活润色的东西。一个隆冬的下午，又一次月考的失意，外面雨夹雪飘荡，教室里刚放完我听不懂的英语听力，广播突然响起"我曾经跨过山和大海，也穿过人潮人海，我曾经失落失望失掉所有方向，直到看见平凡才是唯一的方向"，我一下子哭了出来，我曾经努力跨越成绩单上密密麻麻的名次挤到前面，穿越人潮人海，山和大海，可我又是那么平凡，平凡到再努力也赶不上茵子，平凡到对不起自己。

"最大的落差是，既配不上自己的野心，也辜负了自己曾经所受的苦难。"背水一战，覆水难收，勤能补拙，甚至鱼死网破，无数个词从我脑海里闪过。我向前走走吧，看看命运会有怎样的安排。老师让写目标大学贴在墙上，我写的中国传媒大学，不敢写北大，那样的话该被笑掉大牙吧，所以呀，我的梦想我的努力，只有我知道。

那我就心甘情愿以平凡人的姿态活着吧，我这样想。在裁减了沾沾自喜，收藏了所有情绪后，我终于在高三下学期勉强能保住班级前三名，第一次在成绩单上看见自己名字在第一个时，心都快要跳出来了，久久不能平息。后来回想，觉得那时候的自己真怂。五月份临近高考，我的左耳忽然听不见，每天脑子里都是嗡嗡声，像有一台挖掘机在里面。我想起我曾经的同桌因为神经衰弱而休学两年，我赶紧一个人去了医院。去医院检查后医生说先检查鼓膜有没有坏死，这一句话把我吓得不轻，父母不在身边，同学们在考试，我一个人在医院做手术，我只记得那钻子一样的医疗器械轰隆隆地钻进我的耳朵，大脑一片混沌，有那么一瞬间我觉得我要离开这世界了，并且没人知道。医生问我疼吗，我忍了忍眼泪，呼口气说，不疼。

两天后我出院，回到教室的第一个消息是茵子考了有史以来最好的名次，年级第一。我又想起她嘻嘻哈哈的样子，她不努力的样子，自动忽略她后来的努力。她的辉煌，我的灰黄，我在日记上写"我最失意的日子，是你最得意的时候"。

之后便安心准备高考，两月如一日。2014年六月，中国传媒大学红色的录取通知书传来，红色的封面很喜庆，画着金灿灿的钥匙。我写在墙上的梦想终于实现了，我取出54分的数学考试试卷，鲜红的字迹触目惊心，这是我曾经考的，自那以后，我把它装起来，或贴在桌子上。

蛰伏四年，等待一季高歌

⊙ 站在一个新起点

我没有去上大学，因为茵子比我高六分，她去了中山大学。

我选择了复读。八月我拖着行李箱，路过草长莺飞的原野，绕过半开半闭的花圃，搭着悲欢在汽车上辗转，回到校园。教学楼上刻的小篆体我仍旧看不懂，运动场上还有男孩在旋转跳跃，不同的是门口挂着欢迎新同学的条幅，我看了看自己的行李箱，"你又老一岁了呢"，箱子上黄色的维尼熊无动于衷地笑着，和三年前买它的时候一样。

凭着631分的成绩，我顺利进入了文一班。文一班由挑选出来的文科复读生组成，在其他人看来，它成绩永远最好；学生们永远爱学习，奋发向上；学校不干涉，可以自由看电影，可以大声笑，自信张扬，它总是包含着我们对光荣与梦想、自由与张扬的一切美好的想象。这是一个新起点，但不代表一帆风顺。开始的三个月，我总是考在十几名，看到年级第一升子讲数学题的认真样，边听歌边做作业的懒散样，我越发觉得自己的渺小与侥幸。你看，人总是不满足，总会自卑，哪怕自己其实已足够优秀。

⊙ 不曾努力，大概连失败都不配

既是不服气，也是生自己无能的气，我更加专心努力。市面上的卷子出一套买一套，红的绿的黄的紫的一摞摞堆着，面对不好不坏的成绩，我也习以为常，也因此如释重负。每次考试过后，我的语文老师便会拿着试题，一题题给我分析，"你看，原文是这样说的"，"这题要先写反衬手法，再用白话译原诗"……他的声音融入书声琅琅的清晨，也融入外面温柔的夜色，保护着我小心翼翼的梦，我觉得我就是我作文中的那只蝉，蛰伏五年，等待一季的高歌，在黑暗中自己抱紧自己。语文老师的鼓励与赏识，让我还有勇气，那些灰头土脸的日子，语文课成了我唯一的期待。

我常常是最后一个离开教室的，或是解函数题，或是记全国铁路图，直到教室熄灯，保安来锁门，再心满意足地踱回宿舍。走廊上的灯光倾斜下来，在地板上匀出一道道深浅不同的光圈，我看着前面拥挤的人流，那一瞬间觉得自己手握天下，轻快地要飞起来。

数学卷我习惯于从头开始做套卷，无论多简单都坚持写下来，草稿纸整整齐齐，一排排写，方便检查，每次考试过来把做错的题工工整整地誊抄到错题本上，各种题分类集中，函数题作一个专题，三角函数作一个专题……不同类型都分开，时常拿出来复习；语文狠抓选择题，每天都坚持练，无论是科技文阅读还是传记阅读都一字一句回文章中找答案，切忌自己想象推理，答案全隐藏在原文中，作文则多积累素材，我常常会买一些记民国文人名句的文艺书，既能了解名人事迹，又能记住一些饱含诗意的句子，语文的提高是一个缓慢的过程，可对于尖子生来说，其他科目不相上下，语文是最能拉开差距的，切不可放松。

英语是一个做题的过程，单词是根本，到后期更是要每天狠抓记单词，同时记搭配和组合。我每天都能完整地做完一张卷子，阅读理解这样的长文章一句一句读，遇到不懂的词就跳过，根据语境可以猜出大概意思，培养自己整体阅读的能力。完成后再查字典，集中记下每次见到的陌生词汇，常常拿出来读，拿出来复习，也就熟悉了。

文综是必须要背的。政治要以课本为全部，熟记课本内容，并在大脑内构建知识框架，尤其在哲学部分表现尤为突出，需要在大脑内建立框架，遇上考题时随机调动相关知识点。政治的每次考试都要看作是对课本的巩固，每题都要翻书，看看答案源于哪个单元，回归书本，巩固框架。历史同样回归课本，熟记各种历史事件，看到题目时首先想到相关知识点，但切不可被误导，完全局限于课本，读材料时更要一字一句，想想每一句话对应的历史事件和隐藏信息，这样写答案的时候便得心应手了。

地理要结合地图，例如中国地形图、世界地形图，要记住一些重要经纬线交界处的重要地理特征，可以从大到小，先划分板块，分清大洲大洋各自的经纬线后，再在具体的板块内套上山脉图、季风区分界图、交通图等等。错题本是每个科目都必不可少的，无论是大题还是小题我都会认认真真誊抄题目后写上标准答案，把答题时不好的习惯都列出来，每次考试前拿出来看，一点点改正。

⊙ 已经四月，六月不远了

伴着日复一日的坚持，放松的心态，四月份时，我终于能找到自己的位置。

四月是最好的月份，我私以为。四月的青草血液流动，拔节生长，日光漫长；四月的桃花映叶，鲤鱼跃池，万物有声；四月的天很高，四月的梦很长，四月的我考过第一。那是最紧张也是我最快乐的一段时光，我的名字总在光荣榜上，答题卡总作为模范来展出，午睡时外面有无所畏惧穿过荆棘的大风声，白色衣服在青天下抖落水滴，我喜欢笑，喜欢闹，也喜欢学习好。

转眼到了五月，当年教育政策改变，外县的同学必须回本县参加高考，而文一班由于招收了其他县的优质生源，一半的同学要回户籍县考试。小旗要走的前一晚带来了覆盆子，我一边吃一边要她给我泡方便面，之前填高考信息，特长一栏小旗填的是泡面，从此以后她成了专业泡面户，她对这个光环也甚为满意。我给她画了一幅荷花，她说是不是表示她美得像荷花，我说因为我只会画这个啊，哈哈哈，哈哈，哈，然后就笑不下去了。后来再见她是一年后的国庆，她还是那样，自信得会发光。

他们走了后教室空空的，最后一个月留给我们自己复习，所有知识点早已滚瓜烂熟，我们都在等待着，等最后的尘埃落定，有一种长腿的蚊子不咬人，安静地贴在墙上，一个接一个，看着我们翻试卷。班长自己做了纸风车，串在白色的墙上，大家纷纷模仿，最后侧墙上是一排排风车，后墙上是一排排大家用过的笔芯壳，上面绘着各种图案的花纹，夜晚的风呼呼带着它们转起来，我刚做完一本红色壳子的习题，刚下过雨的空气里就传里青草香。

七号高考，我们坐着绿色的公交车赶赴考点，一路上尘土飞扬，我们不断要求司机超过前面的车，站在车上对每一个路过的人说你好，我爱你，搞得路人惊魂未定。转眼又安静地坐在考场里，换了一张又一张的草稿纸，回来后像往常一样，一起吃饭一起大笑，心照不宣不提答案的事，然后又匆匆忙忙收拾行李，宣称自己解放了，迫不及待地想离开，傻傻愣愣的那时候，还不懂别离。

八号晚上，我们在二楼唱歌。那晚的星星很亮，我把自己的画递给心心念念的人后大哭了一场，画的是一幅莲，莲子清如水，莲子情如水，大概他永远都不会懂了。之后就是漫长的等待，在家里干会农活，又看看电视，圈里的猪胃口很大，那些母鸡下蛋也挺勤快，时常有小鸟在屋顶啾啾叫着，大爹大妈路过我家门前就递给我一个水果，然后顺带问我考得怎么样，我笑笑，我也不知道呢，我也在努力找答案呢。

⊙ 沉稳的匍匐，划破了黑暗

知道成绩那一天是夜里三点，学校提前查了一部分人的成绩，升子的成绩第一个传来喜讯，屏蔽。成绩进入全省前五十名的会被屏蔽，这也意味着清华北大。我在家里守着手机，看着他的风光，看着外面的风拐着弯呼啸而过，脑海里鲜衣怒马和灰头土脸交替闪现，我不知道自己会是哪一个，亦不知道要给予结果怎样的反应。我一直睡不着，母亲看我屋里的灯一直亮着便过来陪我，夜里消息传来，我的成绩也被屏蔽了，我哇的一声哭倒在她怀里，她紧张地问我怎么了，我一字一顿地说，我，考上了。

那一年我们一个班考取了五个清华北大，空前绝后。捷报频频，春风得意，鲜衣怒马，马蹄嗒嗒。沧海桑田，龙飞凤舞，一日看尽长安花。我们总算是没有辜负自己，四年安静沉稳的匍匐，终于让我们有了划破黑暗的力气。

茵子是第一个祝贺我的人，看到她的消息后，我沉默了很久，然后给她打了个电话。我说你知道我为什么复读么？她说，知道。我没有再说下去。她曾经写自己的梦想是中央民族大学，可是被同学们嘲笑，"你看她那倒数的成绩，还想到北京去"，那时候她匍在桌子上笑，有些苦涩，到她毕业的时候，她的成绩是全班第一。所有人都觉得她是幸运，而她那天告诉我夜里她要先背完单词才睡，教材她背过六遍，连吃饭的时候也在想着知识点。这时候我才想起来，她的确改了上课睡觉的毛病，每次都坐得笔直，她总是第一个吃完饭回到教室的人，只是当时我不愿承认，我们都挤在高考的桥上，神经紧张，以至于看不清对方，以至于把队友当成了敌人。

意外的收获

⊙ 她是旷野中的太阳花

复读这一年我还认识了太阳花一样的小莉。

我始终记得，2015年，她站在宿舍门口靠着我哭，即将高考的日子，晚风吹碎月光，漫天星斗，像她妈妈离逝的眼睛。

这是一个破碎的梦，若不是与她高中同班，我只会把她看作悲情小说中的主人公。

父亲是一个陌生人，又不是。她母亲病重，她回家去看母亲首先要到妇联找帮助，保护她踏进家门，因为父亲视自己的子女如敌。她的头发很疏少，因为父亲常常家暴，抓着她的头发，我不知道是什么会让父女间变成这样，老师曾开导她说天下父母心都一样，她的父亲只是缺少爱，她反应激烈，只有她知道，她的父亲不是父亲，好像精神分裂者，事实上却又清醒。

母亲的病拖了几年，其间所有的费用是她东拼西凑来的，做手术的时候她旷课日夜守在床边，她不过是一个孩子，没人可以依靠，只能靠自己，只有自己知道心里有多害怕。树欲静而风不止，母亲是等不到她的红色录取通知书了，4月的时候她问我哪里可以买到癞蛤蟆等各种奇怪的的草药，母亲就只能靠一些偏方草药维持，父亲完全不管，在母亲的最后时日，他还常常打她，母亲走的时候，她在学校，她跑出教室，哭得奄奄一息，"我在这世上最亲的人走了"，我不知道说什么，陪她哭。

弟弟才十一岁，父亲打他的时候，他失去了一颗门牙，他逃离家，做了一个洗车的童工。好长一段时间没有音讯，她急得发慌，到处找人。她和我说这些的时候语气如水，没有太激动，这些事，她经历多了，也就释然了，我说，你是太阳花一样的姑娘。

命运的戏谑远远不止这些。她参加过两次高考，第一次的时候，她遇到车祸，与冰冷的车轮相碰后躺在路中间，看着高处的路灯越来越朦胧，直到失去意识。后来她一只耳朵的听力随着那夜的风一起失去了，第一年的高考也因此落榜。第二年的高考，她的母亲离她而去，她执着地写着一张张寄往天国的明信片，夜夜泪湿枕巾。后来，她和我们所有人一样，埋首读书，把所有的委屈与心事写进一沓沓的卷子，把所有的思念藏在握着的笔尖。

六月份蝉鸣正盛，她外婆家院里的太阳花绵延不绝，绿色的叶子肆意生长，褪去了整个冬天灰头土脸的样子。她举着鲜艳的录取通知书，对我说她将拥有另一种人生。她有着意气飞扬的样子。

她选择了政法大学，在她心里，她渴望公平，上天似乎生来就对她百般刁难。她曾经问过，为什么所有不幸都是她的，我想，那是在磨炼她的人生，将来上天要交给她重要的责任。

她和我待在一起的时候，她总说她保护我，我心酸得几欲落泪，她多像夏蝉，在黑暗的泥土下自己抱紧自己。没人依靠，她只能靠自己。

她恨透了父亲，他毁了整个家庭，前几天她去学车，进展很快，她偶尔给父亲打了个电话，说，我超过了你，你学几个月的东西，我三天就会了。他在电话的那头沉默了。她说，我恨你，我想你。

我恨你，我想你，因为你是这世上与我有关系的为数不多的几个人之一。

她名字带有茉莉花，而她是旷野中的太阳花。

⊙ 再后来……

北京的冬天很冷，2015年的冬天我们聚会了一次，火锅冒起温暖的香味，我看着当时坐我旁边的他们，有点想哭。我们与梦想僵持了四年，喜怒无常。上一秒为了97分的政治分数骄傲不已，下一秒又因为80分的数学沉闷无语，周考过后校对答案时几家欢喜几家愁，仿佛在赌博。我对升子说那时候的我真傻，考差了会哭，听到一首歌也会哭。升子大笑，"我那时脾气也很怪呢"，哈哈哈，我们一同大笑起来。那样幼稚放肆的情感大概只会在那个时候有，互相懂得所以惺惺相惜。现在我们终于能呼吸着同一个城市的空气，谈理想，谈未来，像家人一样，这一路多不容易。

每个与梦想僵持的人都不容易，踽踽独行，小心翼翼，如履薄冰。就只是为了6分，为了一份不服气的信念，我僵持了四年。我想啊，人生那么长，只要有一个惊天动地的梦想，有一次奋不顾身的张扬，有一场回忆起来赏心悦目鲜活如初能感动自己的经历，那也就够了啊。

陈柱玲致未来的学弟学妹◀

你也许明明努力了，还是觉得没有改变；你也许明明用心了，还是灰头土脸，你给自己贴各种标签——学渣，无能。可是你别忘了，每个人都是平凡人，都在平凡的奋斗着，你的成绩一定源于你的努力，你的坚持一定会有结果，你走的路无论是长是短，是弯是曲，都在磨砺你，只要，你还信你自己。

八

火中取莲

Part 08

来，拉你进北大

一个少女，

从炽热的火光和炭火不完全燃烧的黑烟中，

毫不顾忌地翻找、全神贯注地等待，

最后得了一朵清丽到有些幽冷的白莲……

王艺楠

2015级北京大学法学院

2015年江苏省高考理科第67名

座右铭：事在人为

2016.9被评为北京大学三好学生

2016.2被评为北京大学法学院团校优秀毕业生

2016.5 担任第十三届

Asia Law Institute Conference志愿者

坐在博雅塔边的院图书馆打下"火中取莲"这个四字标题，我的双手却在键盘上空停滞了许久，微微合上眼，眼前是清晨橘红的朝曦，博雅塔的形状被视觉暂留效应勾勒得无比清晰，原本空白的脑海恍如在片刻之间涌起潮汐，杂碎的、酸涩的、饱满的、温柔的，各种回忆如浪涛般涌上来，仿佛蒙上了雾气的窗玻璃，唰一下被擦亮了。

好久不见，我的高中，咱们也算是久别重逢？

天下小城的高中都是相似的罢，有苦有甜，有笑有泪。但相同的光阴对不同的人而言，有不同的经历，也会经历不同的成长。区别并不在于我们接受了什么，而在于我们怎样接纳，怎样消化，怎样自我影响。

狼不惧怕黑暗

⊙ **如果你是羔羊，请不要沉默**

我打小就不是一个特别聪明的孩子，却是填鸭式教育培养下的三好学生。老师讲过的我都会，这样的学习特质让我顺风顺水，以几乎零差评、全满分的成绩一路到了初中。

初中时，我所在的班级是全市的尖子班，习惯了游刃有余、且乐且学的我在那里遇到了入学以来最大的打击。

老师授课方式太天马行空了，他可能用四十分钟讲他的人生哲学，用剩下的五分钟过一遍知识点。靠谱一些的，比如年轻却思维极其敏捷的物理老师，先抄一道题在黑板上，然后眯着眼睛随意点几个人上去做。挂黑板的人呢，多半是哀哀切切什么都写不出来，偶有划了半拉子算式的，算式里还全是自己设的未知数，算式没写完，粉笔灰倒是满后脑勺都是。临近下课时，老师大手一挥让学生们都回座位上，问一句："有同学有自己的看法吗？"天才A战战兢兢地举了手："老师我觉得blabla……"老师一点头："嗯，好像是。"天才B也畏畏缩缩地举了手："老师我倒是觉得blabla……"说了一个和A相反的结论，老师一点头："嗯，好像也有道理。"下课铃响，老师扔下粉笔头："这道题就当作作业了，明天课上讲评。"踱着步子走了，教室内里"啪、啪"断了一打神经。

我每天手握斑马零点五毫米水笔，埋头在学校自己印制的草稿纸上发狠地演算，却还是跟不上上课的节奏。老师课上说的思路仿佛抓不住的小人儿，在我脑里一会儿跳到这，一会儿跳到那，看不清模样。上课时就更心慌了：我还没消化老师刚吐的知识点呢，老师把题目抄满了黑板；我还没读完题呢，别人已经出答案了；我还没闹明白题目给啥求啥呢，老师一把把黑板擦干净了。气得我恨不得摔笔大吼：不是每个人都是玩儿一样地进来的，也是有人靠认认真真抄书本、兢兢业业记笔记进来的，别把每个人当天才教行不行？手里的水笔大力一划，薄薄脆脆的纸张破了好几层。

可是在心里发泄完怒火之后，还是像瘪了的气球一样，窝在狭小的座位空间里继续埋头划拉着我也讲不清什么含义的式子，头一次期望能用勤奋换来一点点转机。

在我的化学作业能从头错到尾的时候，我再也挨不下去了。在一个化学老师下班巡视的晚自习，我叫住了老师。化学老师是个可爱的大胖子，他弯下腰凑到我桌前问我，有什么不懂的吗？我说，老师，基本全没懂。那个可爱的胖子鼓了鼓嘴，什么也没说，就弯着腰站在我桌前，给我讲了整整一节晚自习。

弱者总是觉得自己孤立无援，似乎掉在了队伍最后面就意味着独自承受背后浩瀚的风险，因而对迎头赶上的可能性充满了怀疑。但其实并非如此，只要你期待被救赎，总有那么些人愿意弯下腰来给予你关怀，但你一定要记得大声呼喊。聒噪和狼群都不惧怕黑暗，黑暗只会吞噬沉默的羔羊。如果你是羔羊，请不要沉默。

⊙ **有些弯路非走不可**

真正逆转困境的，是初一升初二的暑假。我接下来要讲述的这段经历，让我真切体悟了一句话："不是所有落败者都能再起，但努力后的逆境一定有转机。"

暑假里，几乎全班人都去班主任兼数学老师家里补课。窄小的阁楼，一个风扇低低地摇着头，轻轻吹起练习本的纸页。男孩身上的汗酸味，高高的小窗里照进来午后灼人的阳光，哗啦啦地翻书声，埋头苦思的咂嘴声，竟给了我一种面对题目时空前的平静。两个小时，一般只处理五道题，做不出题时也不用慌张，甚至可以在班主任不注意的时候趴在胳臂上闭一会儿眼。

有的时候，最佳的解题思路，是在长时间的琢磨中被找到的。心烦意乱的时候，往往是最盲目的时候。

盛夏午后的解题时光过于美好，以至于我以后看到数学题，身边都会涌上一股安静的气流。那个夏天，我在我妈办公室顶楼的会议室写作业。会议室的椅子罩着绒布套，没有空调，也只有一个会低低地摇头的电扇。但是在那股安静的气流的裹挟下，我竟也能定下心来，花上几个小时琢磨一道题，琢磨出最佳的解题方法，琢磨出好几种解题思路。心神安静的时候，真的是不会觉得热的，只是汗水顺着脸庞流下来，汇聚在下巴上，写式子轻轻晃起头的时候，会滴落在作业纸上，迅速地渗成一个深色的圆。

没错，那时候的心思是细腻的，思维是敏感的，各个感官都生动了起来，总能准确捕捉脑海里闪现的灵光。时至今日，

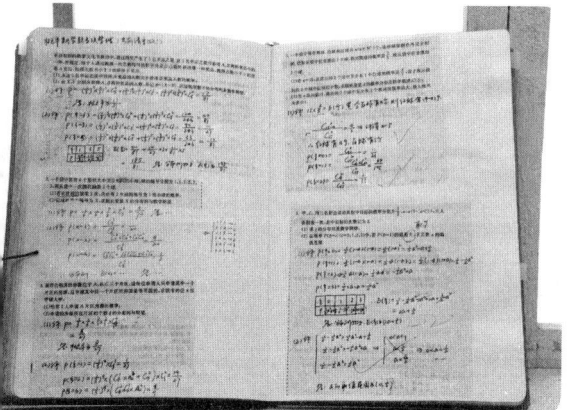

当我在深夜敲打键盘写论文，当我在燕园毫不吝啬的暖气里读一本艰涩的《论法的精神》，我依然能找到那股熟悉的气流。

找到你的气流，把它具象化，或许就能营造专注的氛围。我始终认为，在练习的时候，可以在某一题上多花时间，多多揣摩，才有可能吃透这一类题型，熟悉这一类题型。可能很多人都怕走弯路，总是想着"最高效率"。但其实很多时候，走弯路的过程就是一个熟悉路况的过程，谁知道这一次的弯路会不会是下一次的正道呢？

在我的理解中，所谓熟悉某一种题型，并不止步于知道该怎么到达终点，还要知道我们可能在哪个岔路口做出何种错误的选择，如果走了弯路该怎么回头等等。达到了这种熟悉程度，基本就可以站在命题人的视角俯瞰这道题了，所以，"走弯路"或许是解题的必须。

在会议室流着满头的汗，安安静静地坐一下午，订正寥寥几道题的时光，确乎是我非常难忘的时光了。我感觉在这样安静的时光里，身体变得粘滞，思维却意外地轻快起来。其实订正那几道题根本不需要一个下午的时间，不少的时光都被浪费，但即便是这样的浪费也是美好的——让我不再在数学面前感到彷徨，我开始相信只要我愿意出时间，我是可以解决这些问题的。

或许很多事情的确是这样的，我至今都不相信，在知识点被覆盖的情况下会存在解不出的题。总有被解出的一天的，只要你愿意定下心来，花上很多的时间，从每一个可能的角度去思考，一定会解出的，不信你可以试试。

⊙ 汗水永远不会被辜负

那半个夏天的汗水没有辜负我。汗水永远不会被辜负。就算好的结果并没有以你想要的方式出现，但它一定会出现的，要相信这一点。

在我走遍弯路之后，我对各个题型的路况都逐渐了解了起来，我在解题的时候竟有了之前从未有过的平静与自信，对题目有了"灵感"，这就是学科的"感觉"吧。为了留住那一点感觉，我更加投入地去找一些课外习题来做，做大量的题，简单题也不跳过；简单题是熟悉解题思路、锻炼运算和书写速度的机会，不应当放过。

找到某一个学科的感觉是偶然的，是艰辛的，但也是美妙的，也需要用全力去留住、去发展这一种感觉，不亚于恋爱。如同相互的爱情一般，学科本身也会给出一些令人欣喜的反馈，我不会忘记极少表扬人的班主任有一次课间走到我身边，拍拍我的肩："最近状态不错啊，有进步。"他的语调轻描淡写，我却雀跃得根本掩藏不了笑意。

那些都是非常好的时光啊。

跌倒真的不可怕，尤其是只在某一门学科上跌倒。除了死亡，生活中没有第二处节点意味着终局，未来的路看似是从脚下延伸开去的，但其实它仍然未知，随着意志的变换时刻变换。今天的态度必然决定着明天的道路。

所以你一定要学会吃苦，去做一些自己曾经做不到的事。给弱势科目投入双倍的时间，舍下追剧的念头好好钻研几道解析几何，这些都是一些额外的工作，成败或许就在这些令人格外有负担的"额外"上。本分是容易做到的，但"额外"需要强意志下的自我施压。在我高考前偶尔焦虑的时候，我爸总是对我说："心烦意乱有什么用。书还是要一页一页地读，题还是一道一道地做。"我一直觉得这句话里有最朴素的禅意和最高的生活哲学。

努力。努力之下一定会有转机。

倾听内心的声音，循着它走

⊙ "冷漠的人，谢谢你们曾经看轻我。"

初三的时候，我升上了一个更好的班级，提前来到高中部，先行学习高一的数理化知识。我之前说过的，我是一个对新知识接受速度很慢的人，可能每一个知识点都需要经过如同初一夏天那样充足的时光来消化。所以，我跟得很吃力，很多次想从头抓起，从辅导书的第一页开始复习、深化，却发现自己根本搞不清那些知识点，无法理解，所以看了后面忘了前面。

那是非常痛苦的一年，较之初一时的状况尤甚。

为自己成绩的倒退哭过很多次，痛恨什么呢？痛恨自己在明明需要认真听讲的课上忍不住瞌睡，痛恨别人能一节课掌握的东西我却理解不了，痛恨自己每一道课后习题都要翻书查看知识点，痛恨有些学科自己即便翻了书还是会几乎从头错到尾。

没有一点夸张，从头错到尾。

我开始越来越频繁地情绪低落，忍不住掉眼泪，并不是因为老师和同学因为我明显的退步而过多地批评我，但我还是觉得我开始走上一条背离关注焦点的路：下班巡视时，曾经在全班的惊呼声中将银镜试验中的镀银试管送给我的老师，不再在我桌前弯下腰主动关怀我的作业情况；曾经几乎每节课下课都会跑来和我对答案的好友，现在跑来也只是问我去不去小卖部；总是问我题的同桌也把请教对象换成了后座的学习委员……

他们对我没有恶意，他们或许只是察觉到了我的变化，而选择调整我们之间的相处模式。甚至或许是为了不再在成绩倒退的我面前提起这件事，免得我不开心，而故意为之。

这些都是事过之后的猜测了。当时的我，无力又敏感，白日梦的内容永远是重回第一梯队，再考年级第一，但在当时看来是非常贫瘠的梦。

最崩溃的时候，把一句非常非常老的歌词贴在家里书桌前："冷漠的人，谢谢你们曾经看轻我。"

⊙ 停下，往回走

你一定也有过这样的时刻：每当被人踩在脚底的时候都开始做一场逆袭的英雄梦，想象自己如何卧薪尝胆，用身边的恶意来喂养意志，最后东山再起一洗前耻……但你深知这个梦的贫瘠，深知实现这个梦的难度，以至于我都不敢把那句歌词抄在学校的课桌上，不想让别人觉得我很在意我的退步，这大概是最后的自尊心。

那个时候我意识到，我必须停下，往回走，把走错的路重走一遍。

这是一个艰难的决定。

思想斗争是激烈的。我和爸妈争论，和老师争论，为自己的无能和落败感到深深的惭愧。我深知如果我从这里出去，相当于放弃了最优秀的师资和最优秀的竞争伙伴，相当于放弃了竞赛保送的机会。最重要的是，我相当于抹杀了在初中部两年奋斗换来的尖子班的名额，与曾经的落败者们站在同一个起跑线。

我会成为从这里离开的第一人。别人会把我当作一个无力战斗下去的人，一个竞争制度中的落败者，战争还没有开始就缴械的胆小鬼。

我最终还是选择了重新来过，选择了硬着头皮挤出笑容，面对新班级的同学们的目光。

我比之前更打起百倍的精神学习。我知道我能从尖子班转出，是因为我还有现在的这个班级作为后路；而今我要是再想后退，已经无路可退了。我的选择的最终结果是：毕业前准备自主招生材料时，教务处公布了三年语数外三科（即我省高考计分科目）的年级排名，我是第一。

那张歌词纸条至今还在我家中的书桌上，水笔的笔迹清晰如昨，高一开学时面对新同学的羞愧感也仍旧无比清晰，大概痛感更能使人印象深刻。

有些伤痕是值得感激的。哪怕会走一些弯路，但也只是眼前的失守，未来还很远，谁都不能说哪一刻就是终局。只有正面一个残缺的自己，才会有自我完善的欲望。年轻人必须有一些自己的想法，对自己的定位和规划。空谈理想主义是注定没有反馈的，高枕黄粱注定做的是白日梦。不妨先做出一点退让，不用在某一条路上摸黑到底，而可以寻求一些新的可能。

我至今很感激当初那些"冷漠"的人。尽管他们究竟是否冷漠、究竟为何冷漠，我早已不得而知，但他们的沉默让我可以不过多地被他人的想法左右，在没有鼓励的环境中被逼着独自思考、产生了自我驱动力。这是可贵的。

苦中作乐的好时光

⊙ "较劲"原来也可以很幸福

高中确乎是苦的，对于学业有余的人来说亦是。但每当亲友关怀地问："高三很辛苦吧？"我总是一笑。我一直觉得自己的高三是有幸福感的，因为我所做的多数事情都是能给我带来快乐的事情，或者是我自己通过自我说服，把并不愿意的事情当作幸福的事去做，用自己喜欢的方式去做，也会从中收获快乐。同桌是一个爱吃爱笑的女孩，懒，但是对待作业出奇地认真，总是拿出全副力气去对待。我记得刚和她坐在一块儿的那个晚上，当天的语文作业是三五篇阅读理解，我总是草草应付，填满两三行的横线就算完成任务，但同桌吭哧吭哧，写得极慢，写了整整一节课，还在奋笔。第二天课上讲评的时候，老师公布踩分点，同桌的卷子上是一串的勾，而我寥寥数行，基本没踩到几个。

好胜心一下子就上来了，不就是写很多点？我要是写十个点，我也能命中啊。从那个晚上开始，我就开始绞尽脑汁地琢磨如何踩点，一心往命题意思上贴，一开始只能踩中一半点，后来逐渐能和同桌比量了："你中了几个？""我四个。""我五个，哈哈你不行啊。"

我和同桌的比试逐渐延展到了其他方面，比如我们会同买一本英语课外阅读训练，同练一篇完形填空，再列一张迷你表格，把我们当天的对错情况记录下来，输的人第二天要给买奶茶喝——学校后门口新开了一家奶茶店，我们都喜欢喝那里的奶盖拿铁。再后来，物理、化学的考试分数也成了我们比试的对象（江苏高考采用3+2形式，语数外算分，两门选修课程仅评ABCD等级）。我每天最开心的时候，就是看着同桌踏着晚自习

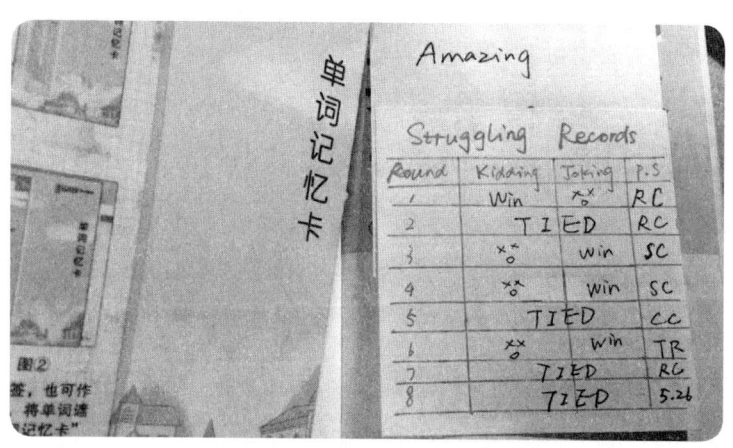

▲迷你比拼表

上课铃声闯进门来，再在班主任的注视下攥紧奶茶袋子，赶快溜回座位，趁班主任不注意偷吸一大口，幸福得忍不住叹气。

前两天整理书架，翻出高中时用来当小字典的四级词汇书，一张迷你比拼表飘落下来，我捡起来，看了很久。

写到这里，你与我或许都已明白，我之所以如此珍视和喜爱一些学科，绝不仅是因为它们给了我一些好的反馈，而是因为我与学科之间互动的时光是如此弥足珍贵、难以忘记。直到现在，当我想起数学，我脑海中翻涌的不是排列组合，不是到角公式，甚至不是高考的数学考场上我把最后一道题演算完、搁下笔长舒一口气的那个瞬间，而是掩映于顶楼窗边的绿意旖旎的爬山虎，是那个慢慢摇头的电扇，是从额头一路流到下巴的那一滴汗水，是那段闷热却无比安静的盛夏时光。同样的，当我想起语文，我也只会想起那些托着腮使劲想答案的晚自习，想起同桌鼓着胖胖的腮帮用可爱的笔迹填满整个答题区域的侧脸，想起老师公布答案时我和同桌互相较劲儿的好胜心。

真的，那些都是非常、非常、非常好的时光啊。

好时光一定是快乐的时光，是回忆起来毫不苦涩的时光。奋发固然是值得敬佩的，若是足够聪明，走一些捷径也能通往康庄……我始终相信，无论是怎样的路，若能在行路中感到快乐，无疑是最高的幸福。如果幸福可以用纯度来衡量，从自我施压下的前行中体味到的幸福，与做自己享受的事而感受到的幸福相比，一定是后者的纯度更高。但在To Do List上，当然不会每一件事都当然令人幸福，尤其是在我们打算追逐一些人人都想要的东西的时候。这时，我希望可以驱动你我的，不是来自外界的一些东西，不是一些"我需要做这个"的使命感，而是一些真正来自自己的、经过了自我说服的意愿。

⊙ 美好的小插曲

高中生活还有另一些美好的小插曲，比如健美操。

我是高中校健美操队的队长。我们主要练习的是啦啦操，在自选项目中还会有少量的爵士等其他舞种。从历年的情况来看，不要说是队长，类似我所在的"特殊班级"的学生是很少作为队员加入的，因为训练强度大，且筛选严格，似乎文科班上个子高挑、身娇筋骨软的妹子更适合青春活力的啦啦操。但我却出于对它的喜爱留了下来。

我校没有健美操特长生，所以健美操队都是由身体协调的普通学生组成。但我们需要和其他专业队伍一起参加省里的比赛，所以训练要求不会因为基本功不足而有明显下调。

训练的难处我就不多言了，因为也不算什么特别值得一提的苦。幸福感却是丰富的，比如在周日全校休息的下午，和校排球队的男生在体育馆的不同楼层训练，我们在压腿的时候可以回头偷看到高挑匀称、阳光活力的校排男孩挥汗练习，跃起、扣杀、传接，连下场喝水都是好看的。我们会小声地交换彼此在队中的理想型，对某一个男生新换的发型默契地调笑，再在教练的目光中低下头狠狠地压两下腿。

这是一种现在想来都不禁心动的体验，当时对这些并无所感，现在回想起来，体育馆的阳光里，女孩子梳着高高的发髻，挺直背律动的背影，在那些男孩心里应当也是美的画面吧。

是了，如今想起，都恍如温热的夏风拂面：跑圈时候前面的姑娘鬓边不乖顺的发丝，花球在手中甩出的整齐的唰唰声响，苗条美丽的教练大喊"你们现在真是三百六十度无死角地胖"的声音，听到音乐自动做出反应的身体动作，最最重要的是：舞蹈本身让我有掌握着自己的肢体与心跳的实感，像是对耕读生活的逃离，这一切都让我愉悦。

回忆似夏风，就是我们和排球队男生一起坐在场馆外的长椅上，大口喝着冰矿泉水时，从操场的另一边吹来的夏风，温热中有道不尽的缠绵与甘甜。

我在脑海中描摹着这些让我幸福的事物，把它们从往事的书架上重又拾起，是因为我想感叹、想庆幸：我一直以来都在做一些自己喜欢的事情，过去是，现在也是，我想一直这么做一个善于取悦自己的人。但我的取悦并非无条件地由着性子，做任何想做的事。我希望我的行为总是自我取悦和自我规劝的产物，在低落的时候取悦，在忘我的时候规劝。

我希望听故事的你们可以知道，苦中作乐不是一种能力，甚至不是一种心态，而是一种选择。只要你掌握好取悦和规劝的度，高中生活同样可以令人幸福。

努力后的逆境一定有转机

⊙ 厚积薄发，轻松应对阅读理解

和我高中同桌的比拼中，我明白了：在需要实打实地有厚积的时候，懈怠是进步的天敌。

阅读理解题可能老师不常批改，但不能觉得平时老师不批的语文作业就可以草草应付。很多人会一边觉得自己的阅读理解总是得不到高分，一边糊弄着平时的阅读练习，相信自己能在考试的时候好好想好好写——这是很常见的想法，但是是很难做到的。只有平时养成在脑海中广搜答案、筛选、组织语言的逻辑习惯，只有尽量多的尽己所能的尝试，核对和校正才有意义，你才会知道怎样考虑问题是最上道的，怎样组织答案是最凝练的，怎样表达是最有效率的。

当然，命题人对文章的把握可能会与你对文章的理解有出入的地方，所以对比答案的过程就像是你和命题人切磋的过程。在答题时我们要尽量按照命题人惯有的套路去答题，但自己的想法当然可以保留。我高三时偶尔会对某篇我和命题人的看法出入较大的文章，写出我自己的理解，再和老师交流，完成一些说服和自我说服，这也是一个有趣的过程。

⊙ 不要小看错题本

我先讲讲我对错题本的一些理解吧。我觉得错题本最大的作用不在于记录错题，而在于提高错题回顾的效率。如果只是单纯地记录错题，那其实和把题目和参考答案抄下来没什么区别。有效率的错题整理应当是将错题经过了初次消化的产物，把做题的思路写下来，将易错的步骤标出来，甚至是一些复杂运算中的简化技巧，也应当一一记录。这样，在我们对错题进行第二次消化的时候，摄取的是半成品，一眼就能抓住题目的核心意思，回顾错题的效率就会大有提高。

错题整理是个性化的，可以自己做一些小专题，比如做过的所有"设而不求"的平面几何，比如数列中的"放缩法"的运用。我不建议大量使用课外的试题，建议错题的来源就是平时做过的讲义。因为做过的题目在心理上会更加熟悉，经过老师挑选的好题也更加贴合本省的命题实际。当然，课外遇到非常妙的题也是可以记录的，只是不宜多，主要的力气还是花在本分以内的疑难点上。

几乎每一种题型都可以做整理，不限于选择填空计算，甚至是英语的阅读理解也是可以整理的。阅读的整理是对自己的某个"错感"和"对感"的记录。比如我们常会遇到，"Which of the following statement takes on an ironic tone?"可能是因为文化壁垒，我们对英语语言国家的"ironic"无法确切地定义，光知道"讽刺的"这个词义可能是不够的。这时就可以把类似的一些阅读题中命题人认为是"ironic"的句子集合、记录下来，揣摩这个词的真实词义，下次遇到"ironic"，心里也就有了一杆衡量的标尺了。

错题本几乎是每个老师都会要求学生做的东西，可能很多人的错题本就是黑笔抄题、红笔订正，最多加上蓝笔批注。但我出于让自己喜欢上做错题本的目的，会把一些我喜欢的伪文艺短篇、和风胶带、爱豆的贴画，甚至炸鸡店好看的外卖小卡贴在错题本上，试图把印象中呆板正经的错题本与我喜欢的手账结合起来，于平淡中作乐。这个方法对我很有效，我高三一整年都在精心记录和装扮一厚本错题本，闲来无事也喜欢常常翻看，与其说是回顾错题，更多是在欣赏作品，身心是很愉悦的。

话又说回来，这种DIY的方法也容易走向精致主义的极端——譬如写错了一个字就会很焦虑，感觉破坏了整体的美感，甚至会令人分心，光把注意力放在爱豆的贴纸上了。不过这些都是小问题，是可以通过自我提醒来纠偏的。

高考结束后，我把我的错题本一页一页扫描下来，也有不少学弟学妹向我要了扫描版用于参考学习。我总是很乐意提供，但我也总是觉得，别人的错题本是很难真正触及自己的，因为它是一个私人化的东西，不仅是因为每个人的疑难点和易错点不同，更是因为在记录的过程中的心境是很难感同身受的，某一笔的郁结，某一步的柳暗花明，这个本子真实地记录了心绪的起伏，说是心路历程也不为过。

我特别珍惜它。

⊙ 写作文，一半靠积累，一半靠技巧

作文有太多值得说道的东西，比如选材，比如结构，比如修辞。现在高中优作的相似点非常明显：要么是写一些有传统意味的东西，例如唱戏、采茶、制陶；要么就是写一些出世的人，例如木心、林徽因。大概是因为现在命题的导向都是引导学生们看到生活中的"俗"，写出生活中的"雅"。所以现在市面上可以拿来参考的议论文很多。所以关于议论文，我只想说一点：写文章最好还是"我手写我心"，即便是略刻板的议论文，也可以有一些自己的见解。不要限于"素材+议论"的堆

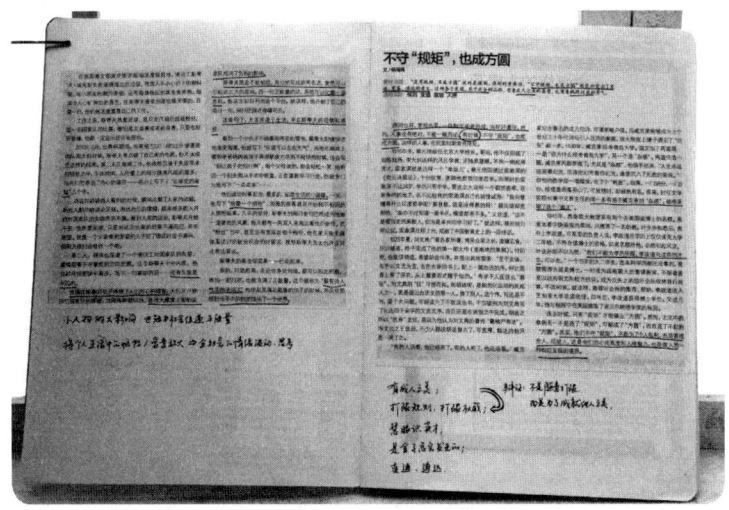

▲思考带来火花

砌，不要吝惜于思考。思考能给议论文带来火花，这是会让别人眼前一亮的东西。

关于记叙文，我就选择"描写"来简单聊聊我的建议。

一般什么时候写记叙文呢？我觉得即便是水平再好的记叙文写手，也应该视题目而定。如果审题有些难度，立意的思辨性较强，那么总是以思考和探讨姿态出现的议论文体会更合适；如果审题简单，立意清晰，那么想必写议论文的会很多，这时写记叙文，就会相对出挑，而且不用担心审题的偏差。江苏前两年的作文题就是很好的例子，"青春"、"智慧"，立意精炼成一个词语，用内容丰富、情感饱满的记叙文去演绎，可能更贴切。

记叙文是离不开描写的，站在写作的角度看，这也是记叙文和议论文最大的区别之一。但很多人并不会描写，或者描写非常俗气，例如写美食，可能会有人尽全力去细写美食入口的感觉，视觉如何、触觉如何、听觉如何、心情如何……这很俗套，令人只想翻篇。

优秀的描写应当是什么样的呢？

一方面，古灵精怪地去运用比喻。看看村上春树在《挪威的森林》中是怎么说情话的吧：

"最最喜欢你，绿子。"

"什么程度？"

"像喜欢春天的熊一样。"

"春天的熊？"绿子再次扬起脸，"什么春天的熊？"

"春天的原野里，你一个人正走着，对面走来一只可爱的小熊，浑身的毛活像天鹅绒，眼睛圆鼓鼓的。它这么对你说道：'你好，小姐，和我一块儿打滚玩好么？'接着，你就和小熊抱在一起，顺着长满三叶草的山坡咕噜咕噜滚下去，整整玩了一大天。你说棒不棒？"

"太棒了。"

"我就这么喜欢你。"

出彩的比喻会让语言大大加分。怎么写出古灵精怪的比喻呢？可以挑选一些别人不常用的本体，可以挑选一些离本体有些远但是可以自圆其说的喻体。

另一方面，优秀的描写还需要一定的镜头感。

例如我们写王大爷的早餐店，表现早餐店开得好，可能很多人会把笔墨放在王大爷身上，写王大爷怎么贴饼子，汗水怎么滴落，一连串的动词……这就很俗套，完全在出卷人的预想之内，可能一看到文章的标题，就猜到你要描写的内容了。

所以我们应当写一些读者意料之外的描写。比如，用早餐店里形形色色的人去衬托早餐店的东西受众广、招徕了各种人。农民工怎么走来的，他们一般点什么，坐姿是怎么样的，辣椒油怎样铺满了大饼；快上班的小白领怎么点餐的，可能是从副驾驶上摇下车窗喊着豆浆包子，她是不是还没来得及抹口红，她是怎样在匆忙中还给王大爷一个甜甜的笑……

这些就很生动，很有镜头感，会比常规的描写更有趣，内容更饱满。

我高中时拿过一些省里作文比赛的奖，但现在想来，我对我高中的写作还是留有遗憾的，我很少去思辨和创造，经常满足于写一些能拿高分的考场文章。我想，如果老师能多鼓励有余力的学生写一些自己的东西，让学生们在写文的过程中自然而然地思考、感悟、反省，甚至批判，对从高中到大学直至社会的过渡和适应是大有裨益的。

　　我写这些看似杂碎的回忆，过去的我正在被深情地描述，此刻的我正在认真地抒情，情思是相似的，感触却随着年岁的增长，更添了许多个人的思考所得。

　　在许许多多的高中生两年三年之后跨进大学校门，回头看过去的自己，梳理过去的时光的时候，愿你们都能发现些许不同，存在在过去的你和现在的你之间的些许不同，你可以称之为岁月，你可以称之为历练，你可以称之为成长。而我，更倾向于把这个转变的过程比作"火中取莲"：

　　曾几何时，经过烧灼的莲花尚炙手而不可得，只可远观而不可亵玩，如同身在局中的高中少年们很难清晰地思考当下，只能模糊地勾勒出一个大致的自我；

　　而当炽热的火焰变成温热的灰烬，我们终于可以取出烧制完毕的白莲，但很多人已经忘记了灰烬之下还有洗尽铅华的白莲，如同很多人不会再回头细想过去的时光，不会尝试着重新思考。

　　这很可惜，因为浴火后的白莲很美。我们不能错失这样的美。

九

破茧成蝶

Part 09

来，拉你进北大

从5岁入小学，

到跨进北大殿堂，

光鲜亮丽的外表下，

背后的酸甜苦辣鲜有人知。

她认为高三经历的是苦难，

然而，她最终破茧成蝶，踏上新的征程。

王紫薇

2015级北京大学历史学系
2015年新疆维吾尔自治区高考文科自主招生30+10分，
博雅计划20+10分
座右铭：Veni, vidi, vici.
2016年参加第二届全国大学生史学论坛，论文被选入论文集
2015-2016学年获北京大学学习优秀奖
2015-2016学年获北京大学杨辛荷花品德奖（5000元/年奖学金）

高考结束后，我就开始记录我的苦难。

这些是为了忘却那些缭绕在心中的痛苦回忆而写的。毕竟用笔记录下来，总好过大脑因畏惧遗忘，而一遍遍地回放那些镜头。记录苦难，是为了忘却苦难，重新踏上新的征程。虽然回想其中一些痛苦的片段，就像是再一次揭开那些血淋淋的伤疤。但是，如果能有幸给学子们一些启迪，我就会觉得很欣慰了。

如果只写高三这一年的话，我一定会起个标题《百年梦魇》，再写个开头：多少年以后，当我从题山题海的梦境中惊醒时，我一定会怀着复杂的心情，回忆这段高三时光。但别紧张，我不是负能量的人，所以我从小学开始写。

芽之生

⊙ "小疯子"变成了"别人家的孩子"

我5岁上学，小学一、二年级完全是玩过来的。向来只能听见下课铃声，听不见上课铃声。曾经有被老师委派的小男生去叫我上课，结果被正在兴高采烈地自娱自乐的我扬了一把沙子，哭哭啼啼地回去找老师告状。期末考试临近了，妈妈循循善诱地对我说："贝卡，妈妈帮你复习吧。"我不领情地问："复习干什么？"妈妈继续满面笑容道："复习了的话，宝贝儿就可以考100分啦！"（做兴奋状）。我依然爱答不理："考100分干什么？"这次对话的直接后果就是我被迫转学了。

这次转学算是我的教育史上的一个小小的分界线。转学前，我是有名的"小疯子"，转学后，变成了文静的"别人家的孩子"（说好听了是小淑女，说难听了是书呆子）。经常有人诧异于我的前后变化之大，而妈妈总是开玩笑说："要是还像小时候那样，不成神经病了？"不过世界是公平的，我羡慕一些孩子拥有玩耍的童年，但也知道成绩是需要付出的。只是每当被人说成是"缺少童年"时，心里还是会有一点小小的不舒服。

当然，这种转变是需要一定的过程的。在转学后的第一堂课上，我蹦蹦跳跳地窜上了讲台，然后被班主任赶回去重来。如此反复了三、四次后，班主任看我完全没有认识到自己的错误，终于失去了耐心，开始采用强硬手段纠正我的走路方式。后来，我上讲台的时候的确学会正常走路了，但留下了一个不会蹦蹦跳跳的后遗症。这个后遗症给我的舞蹈老师带来了许多麻烦，她甚至让舞蹈班的几个学姐扳着我的腿来蹦蹦跳跳。

⊙ 被嘲笑的自学

由于身体不好，小学六年我都是一到冬天就生病在家。父母工作忙，所以绝大多数时候都是只有我一人在家。这段经历培养了我两个延续至今的习惯：看书和自学。5岁那年，看完《茶花女》后，我一脸严肃地避开爸爸，悄悄地问妈妈："爸爸到底是爱你，还是爱你的钱和容貌？"妈妈当时没有回答我，但后来这个问题变成了一个被妈妈到处宣扬的笑话，当时不是很能理解妈妈的做法，不过还是一直喜欢读书，并用自己的方式理解它们。

至于自学，老师不仅嘲笑我的自学，还因为担心我会拉低班级平均分而拒绝让我参加期中考试。最后，在妈妈的恳求下，老师终于同意给我单独考、单独改。然而，出乎老师意料的是，我的各科卷子几乎都是满分。老师在后悔没有把我的分数算入班级平均分的同时，允许我在下学期正式参加期末考试和竞选三好学生。

　　第一次竞选三好学生，我兴奋地跑去找我们班的班长并对她说："×××，我选你当三好学生，你也选我好不好？"虽然班长选我了，但是我还是没当上。毕竟当时在家养病的时间太久，大多数同学对我没什么印象。班主任说名额有限，我就想当然地回家给校长打通了电话，要求校长给我追加一个名额。结果可想而知，校长安慰了我，但我依然没有当上三好学生。公布名单后，看着三好学生的红榜，我似乎终于理解了妈妈当初所说的考100分的意义。

　　就这样，我渐渐拥有了上进心，却也拥有了虚荣心；成绩越来越好，棱角却越来越平；越来越听话，却越来越没主见。而这些特质一直延续到现在。

花之繁

⊙ 悲惨的起点

小升初时，我从哈密来到乌鲁木齐，考入了新疆最好的初中。但分班考试时火车晚点，导致考试迟到，写了一个作文题目就交上去了。结局可想而知，没被分到重点班。

从某种角度来说，我的初中生活的起点颇有些悲惨：穿着不合身的肥大校服，住在一间既有蚊子又有蟑螂的屋子里，没接触过各类竞赛，跟不上老师的全英文教学，听着语文老师用高昂的情绪念着含有错别字的诗歌，和年级有名的捣蛋鬼坐同桌，竞选学习委员被黑幕，蹭重点班的奥数课被赶出来，听不懂同学口中的各种名牌，也听不懂他们谈论的娱乐新闻……

⊙ 丑小鸭变成了白天鹅

听起来，我似乎有无数个可以让我自卑到骨髓里的理由。但事实上，初中3年，我凭着刻苦和努力战胜了自卑，变得自信而充满正能量。那时的我，相信努力和认真的力量，享受着学到新知识，获得成就感的幸福。虽然和同学的共同话题依然不多，但每一天都过得充实而快乐。如果没有切身体验，确实很难理解那种用理想信念与学习的满足感支撑起来的幸福。

初一时，我只能靠听写来跟上奥数课——我课上听不懂，但能一字不落地记下来老师的每一句话，回家再一步一步慢慢做和理解，不懂的再去请教老师。到了初三时，我终于收获了全国初中数学联赛复赛的奖状。初一时，我完全跟不上老师的全英文教学，只能听见声音，却听不懂内容。而初二时，我已经能在李阳来学校进行疯狂英语的互动时，勇敢地当着全校师生的面冲上高高的礼台。初三时，我甚至代表学校参加了"希望之星英语风采大赛"，并一路冲入新疆总决赛，还捧了两张奖状回来。此外，我参加了所有能接触到的各科竞赛并获奖。中考时，我进了乌鲁木齐市前十。新疆内地高中班考试时，我考了全疆第一。

初中的故事在这里结束，美丽得仿佛是丑小鸭变白天鹅的故事。

叶之茂

⊙ 光环失去了光彩

刚进入新疆高中第一班——乌市一中理科特长班时，童话仿佛仍在继续。当时正赶上一中120周年校庆，我成了班里唯一去跳维吾尔族舞的学生，去了一中校史馆当讲解员，参加了数理化信息的所有奥赛，加入了国学社自以为是文艺小清新……

然而，童话在第一次期中考试时彻底破灭，残酷而冰冷的分数无情地嘲笑着昔日的骄傲。我这才惊觉：在我头顶初中的小光环载歌载舞的时候，别人正在默默地发奋学习。而那些初中拼死拼活才积累下来的老本，早就被我在欢声笑语中挥霍殆尽。一中自由民主的氛围，既给我搭建了展示自我的舞台，也给我挖出了充满诱惑的陷阱。

⊙ 一边艰涩，一边有趣

不幸中的万幸，我留在了班里，看着那些滚动出去的同学的泪水，我的心似乎变得无比麻木。面对巨大的心理落差，我一滴眼泪都没流，只是机械地学习，学习，再学习。

对于文科，排练大合唱的间隙，等电梯的时候，去上学的路上，我都不顾别人的目光，一遍又一遍地背古诗文和英语笔记。

对于理科，我几乎买全了市面上所有的教辅书，而且非常清楚地知道哪些书在哪些位置有哪些题。周围的一些同学对此相当惊诧：怎么可能有时间做这么多题？天地良心，我只看不做，更准确地说，我是在搜索，搜索与作业中不会做的题目相似的题，然后再举一反三。临近期末考试了，因为一些多选题的分值小，花费的时间多，我甚至疯狂地整本整本地背物理化学的多选题。期末考试中，还真碰上了不少背过的题。

在理科特长班学习的一年中，如果说我的理科是"有心栽花花不成"，那么我的文科就是"无心插柳柳成荫"。在理特班的这一年里，文科课程成了我最好的调味剂，它们在理科沉重负担的夹缝中顽强生存并茁壮成长。每当做理科题做得快崩溃的时候，我就会穿插一下文科作业，然后就会立马比打了鸡血还亢奋。

还记得一天夜里，我睡到4点多了突然惊醒。想起第二天就是"圣陶杯"作文大赛的截止日期了，我立马像诈尸一样跳了起来，花了半个小时左右的时间写了一篇《传统的月光，现代的湖水》，第二天早上交给了语文老师。后来，这篇文章还获得了"圣陶杯"全国高中作文大赛一等奖。

我何以在理科特长班过得如此艰辛呢？一边是困难重重的物理竞赛题，一边是有意思的文章和故事。作业的困难使我情绪低落，这样一来，就更加做不下去题了，就不由自主地放下作业去看闲书。书里面的世界越迷人，看书的过程越轻松，我就越感到那些作业艰涩无趣。这种循环使得我越发无法专注地尽快完成理科习题。

⊙ 转身，在十字路口

高二，该文理分科了。所有的老师和同学都坚定地认为我应该报文科，但要离开理科特长班还是很痛苦的。因为一中重理轻文的现象非常严重：理特班号称全疆第一班，而文科班可谓声名狼藉。只要学生有打闹、穿奇装异服、抽烟等各种不良行为，周围的人（比如老师、学生、门卫甚至门口小商店的老板），都会皱起眉头，轻蔑地嘟囔一句："文科班的！"这也不能完全被归为一种偏见，因为每个年级不到100人的文科生，几乎包揽了所有靠体育、美术等特长加分进来的同学和靠少数民族加分进来的同学。此外，文科班的各科老师，包括语文、英语老师的师资都远不如理特班，甚至不如普通的理科班。

最后，我大哭了一场，上了文科班。临走前，还在班级日志上留下了一篇题为《班成各，今非昨》的文言文版告别辞。内容无比凄切哀婉，似乎比唐婉还委屈，比刘兰芝还惆怅，比林黛玉还无奈。不过，所有看过的人都更加坚定地认为我确实应该选择文科。

到了文科班后，第一篇作文是当堂命题作文《转身，在十字路口》。当时一边写一边哭，颇有种"满纸荒唐言，一把辛酸泪"的感觉，觉得自己选了文科是心灵与虚名的博弈，像陶潜辞官归隐一样，既艰难又不舍。交上去后，语文老师大笔一挥，给了满分。在班里念时，我又很丢人地读了一句就哭得读不下去了，冲下去后一边哭还一边在心里埋怨别人读得太没感觉。

⊙ "阴魂不散"上奥数

选择文科后，我又坚持上了两年的奥数，一次不落地参加全国高中数学联赛的初赛、复赛并获奖。为了上奥数课，我甚至逃掉了文科班的不少考试和正课，以至于有的老师在办公室遇见我时，还会顺手拿起桌上的日历，问我还有多久最后一次比赛。

刚开始上奥数的时候，尽管我已经把自己缩到了最后一排的角落里（我视力好，两只眼睛都是5.2），但还是有同学投来不解甚至嫌弃的目光，有些人甚至明说，质疑文科生怎么还来蹭奥数课。我至今还记得一个女生说我"阴魂不散"的那种语气。

不过，在我获了全国高中数学联赛复赛的奖状后，那些议论就由负面转为了正面。甚至老师都嫌我总是坐得太靠后，常常让我在全班同学的注视下，从最后一排出发，羞涩而艰难地穿过被人挤得密不透风的过道，坐到第二排正中间。说实话，我真心受不了那个位置。周围那种问鼎全国总决赛金牌的学霸给人一种无形的巨大压力，感觉简直又回到了刚上初中时的奥数课堂。

由于初中上奥数课的"听写"经历，我形成了一种持续至今的笔记强迫症，即不管能否听懂，也不管老师的进度有多快，我都能当堂记下五颜六色的精美笔记（我的笔袋里永远有着各色中性笔和荧光笔）。这造成了一种奥数学酥般的误会（学酥指表面上是学霸，但是一碰就碎成学渣了），很多同学管我借奥数笔记，其中还包括那个说我"阴魂不散"的女生。当然了，我没借给她。

装得太久，竟成了真的。渐渐地，奥数大神们已经对我的存在熟视无睹了，我甚至还积极参与题目的讨论，给一个现在就读于清华工科的男生讲过题（我没有误人子弟，讲的是对的）。一次复赛后，那些大神们还在课间操的间隙专门来文科班找我，邀请我和他们一起去新疆大学查卷子找分，我去问奥数老师，老师说他们都是为了确保能进入省代表队才去找分，我没有必要去，不过我要是想去的话也可以一起去。最后我没有去，但真的很感激他们对我的尊重。

雪之静

⊙ 有意义的"堕落"

高三了，学校根据综合排名确定校长实名推荐和自主招生学校推荐等名额。由于奥数竞赛只在理科的综合排名里加分，文科没有把奥数竞赛列为加分项目，也没有把各类作文竞赛列为加分项目，而仅仅把团支书的职务列为加分项目，最后我所在的文科班的团支书获得了北大校长实名制推荐资格，我获得了复旦校长直推的名额。很多人都羡慕地说，我可以闭着眼睛上复旦了。毕竟，一本线上20分的优惠力度确实可以称得上是"闭着眼睛"。

然而，如果我在自主招生一栏里填了复旦，就彻底和北大无缘了。而如果不填，这项优惠条件就相当于放弃了。当时，新疆是全国唯一估分报志愿的地区。尽管很难预计自己的高考分数，我还是做不到直接放弃北大。怀着一颗不甘的心，我申请了北大自主招生的自我推荐。

经过一轮轮的淘汰，剩下的人越来越少。到了复试，一中的文科生只剩我一个了。这一路真是折腾，连我们班的一个同学都对我开玩笑："欧呦喂！初试复试，笔试面试，折腾了半天，不就是一个选择一个填空的事嘛！"（新疆的高考题一道选择或填空题都是5分左右。）我装出一副对这句玩笑话不以为然的样子，心里却充满了对少数民族同学自带加分和录取分数线降分的羡慕。

高三的作业很多，每天每科至少一张卷子。我认真完成作业的状态一直持续到第一次月考。而第一次月考后，既是语数外老师心目中我的堕落时期，也是我自己心目中最有意义的一个时期。

"堕落"是因为我开始频繁地不交语数外作业了。作业很多，我每天又会用掉很多时间总结知识点和反思错题，还额外增加了历史的任务，时间便严重不够用了。我的主科成绩一贯很好，主科老师也向来对我宽容得到了纵容的地步，我便自作主张地省略了很多主科作业。

"有意义"是因为，我开始自主安排学习任务了。这里所说的主动安排学习任务，包括一增一减，增的是历史，减的是作业。

考虑到我的历史基础很不扎实，甚至在一次听写中写出了"第六次反围剿"，我去单独找了历史老师。历史老师提出，让我每天去他那里背历史提纲。同时，老师还给我送了两册有答案详解的历史套卷，让我每天做一张，他再给我讲出错的题目。

由于我喜欢在课间整理上课讲过的错题，在中午睡午觉，所以我选择每天放学后去找历史老师。由于去找历史老师的人非常多，我一般会一边排队，一边继续背。快排到我时，我还会主动再排到后面。这样一方面，我可以确保自己背熟了再找老师，减少卡壳的时间。另一方面，别人完成任务的时间比我

▶高三时的王紫薇

少得多，我也不好意思让别人排在我后面等着。如果赶上老师去开会，就要等更长的时间。但无论多晚，我都坚持每天完成任务。

　　这段简直像一个励志故事套路的经历，带给我很多益处。坚持了一段时间后，我的历史听写不用专门准备也能答得八九不离十了，历史成绩更是大考小考一直保持在年级第一。更重要的是，我不仅自己总结出了的很多记忆历史的方法，还培养出了对历史的浓厚兴趣。

　　至于省略的作业，也不是不写，而是没有按时交。由于作业太多，上课时老师总在处理前几天的作业，我一般可以做到至少在老师讲之前思考过这道题。这样刚刚思考完或做完，印象也会比较深刻。我还常常利用老师检查作业的时间，骂我们的时间，甚至讲比较基础的题的时间来补前几天的作业。

⊙ "我已经尽全力了，无怨无悔。"

高考终于尘埃落定了。我对别人都说："就这水平了，能力有限。"听起来似乎有点颓废，但潜台词就是中考后的那句，"我已经尽全力了，无怨无悔了"。只不过有点不好意思，不想说得那么煽情。

以前，我总是不敢说我已经尽力了。因为想起那些空白的家庭作业，想起那些大段大段的不熟悉的知识点，想起那些"听写"来的答案，想起那些还未曾纠正的错题，想起那些作业未完就进入梦乡的夜晚，想起那些偷偷看过的小说，想起其他同学彻夜不眠的拼搏……

然而，就在几天前，我突然想通了：生活，并不

◀北大学子王紫薇

仅仅是学习。我一直在保证身心健康的前提下努力学习，我喜欢我现在的学习方式和节奏。虽然我并不算刻苦，但我喜欢这种高效愉快的学习方式。我也不是没有尝试过熬夜写完家庭作业，但是上课时的状态，用班主任的话说就是，"除了知道自己没睡着以外，就什么都不知道了"。

成绩排名是残酷的，但学习生活依然存在着温情。高考中有太多偶然，但也有太多必然。在高考尘埃落定后，便会"回首向来萧瑟处，归去，也无风雨也无晴"。

王紫薇致未来的学弟学妹◀

衷心祝愿曾经或正在经历逆境的学弟学妹们，不管遇到顺境还是逆境，都要永远相信：这个世界有爱，有温情，有正能量。在被各类茧所束缚的时候，让我们默默地拭去泪水，积攒力量，走出自我的阴影，微笑着迎接阳光，破茧，成蝶。

十

越努力，越幸运

Part 10

来，拉你进北大

这个有着男孩名字的女孩，

一直坚信一句话：越努力，越幸运！

因为努力，迷茫的她没有陷入泥沼；

因为努力，曾经的她也是一个"拼命三郎"；

因为努力，她也让自己的梦想散发着耀眼的光芒……

王宇

2015级北京大学法学院木科生

2015年河南省高考文科第28名

座右铭：越努力，越幸运

2016.10获中国扶贫基金会善行一百

志愿者证书

我很幸运，因为我成了北大的一员。能够跨入中国一流高等学府的大门，我真的觉得上天还是很眷顾我的。毫不夸张地说，除去我生命中的任何一个瞬间，我都不可能成为现在的这个自己。再回首，我不得不感谢我流下的每一滴汗水与泪水，不得不感谢当初那个"拼命三郎"。

欢脱的童年

⊙ 跟着老师一起玩，一起学

我们的愿望是每一个孩子都能有一个无忧无虑的童年，但事实上每个人的童年都会缺点什么。我的童年自由足够而关爱略显不足。大家都知道农村是一个重男轻女的传统观念十分深厚的地方，不幸的我就出生在这么一个地方。

由于小时候十分调皮，在深受宠爱的弟弟出生之后便没有人管我了，为了不让我惹事，爸妈决定让学校的老师来管束我，所以我在六岁的时候就开始上学了，这在当时我们那个地方算是低龄学生了。也不知道出于什么原因，爸爸妈妈并没有送我到邻近的村庄小学去上学，而是送我到很远的镇上中心小学去学习。在我自己来看应该是中心小学的教学抓得很严，作业量大，这样他们就可以十分省心了，当然这只是我自己的猜测，也并没有得到爸妈"官方的认证"。

　　所以，我在小学阶段基本属于跟着老师一起玩一起学的状态，在学校待的时间甚至超过在家里待的时间。当然也是因为这个我跟小学老师的关系都非常不错，甚至现在上了大学我还跟一些小学老师保持联系，偶尔会一起聊一聊。虽然小学阶段爸妈的放养没有给我特别多的关爱但是也给了我充分的自由，让我在很多时间都可以做自己喜欢的事情，他们几乎从来都不干涉，让我的童年过得还算是相当有趣的。我觉得爸妈之所以如此放心我不会做出什么出格的事情，还有一个重要的原因就是小学阶段的几乎每次考试我都是班级第一，年级第一。

⊙ 宁做鸡头，不做凤尾

无忧无虑的小学生活结束了，迎面而来的就是压力比较大的初中生活。九年义务教育让我们不用担心自己的成绩在小学毕业之后也会有学上，但是初中阶段如果不好好学习很可能我们就会面临失学的状态。但是究竟去镇上的公立学校还是县里的私立学校又成了一个问题，其实我的成绩还是全镇第一，去县里学习应该也不成问题，但是出于省钱的目的和对小学同学们的不舍我就留在了镇上。我这个"宁做鸡头不做凤尾"的决定让很多人不解，但是我现在也并不后悔当初的选择。

初中的学习节奏相对紧张，初中和小学完全不一样，除了需要学习的科目的增加，还有学习内容难度的增加。小学阶段一直遥遥领先他人的我，到了初中的第一次期中考试就被打灭了"嚣张气焰"，我第一次失去了第一的宝座，还是在初中生涯的第一次大考，那一天我很是不开心，所以我夜晚吃了好多的饭菜和零食，这样才让我的不快稍微减少一点。

我有一个很深的感触，就是在你没有得过第一之前可能对第一并不是非常渴望，但是一旦得到，就死活不愿意再放弃。所以后来不知道我牺牲了自己多少玩的时间，用了多少个在被窝里打手电筒学习的夜晚，终于在期末的大考当中夺回了我第一的名誉，从那以后我就死死地攥住这个NO.1。直到初中阶段重要性堪比高考的那次"五科联赛"——县里最好的高中的预录取考试。

为了这场考试，我精心准备了很久很久，我胸有成竹地步入考场，自信满满地走出考场，然而在回到学校之后老师把这场考试的试题讲解一遍之后，我发现自己把一道数学大题的条件看错了，又错了一道选择题，十几分就这样没有了，这下让我觉得自己在这场竞争中完全失去了优势，几乎已经确定了我是一个失败者，错失了进入名校读高中的机会。然而幸运竟然悄无声息地降临在我身上，让我惊喜的是，最后录取结果出来的时候，我竟然也榜上有名。当我得知这一消息的时候简直不敢相信自己的耳朵，我上辈子该是做了多少好事儿才换来这么好的运气呀。后来从高中班主任的口中知道，我这次考试除了数学其他科目都发挥得相当好，狂甩他人几十分。这样来看，是旷日持久的精心准备给我带来了这样的幸运。我的初中就这样圆满结束了。

黑暗中的那盏灯

⊙ 黑马找到了目标

有人说大学是人生的一大转折点，但是在我看来，我的高中是一个更重要的转折点。高中阶段我完成了从迷茫到目标明确的大转变。

高中应该是绝大多数学生的噩梦，尤其是像我们河南这样的高考大省，省内还没有拿得出手的名校，所以我们的大学入学率跟其他省份相比就非常低。但是不能因为这个我们就自暴自弃。能够考上县里最好的高中的学生肯定都是自己镇上的顶尖学生，当所有的金子放在一起我就完全找不到属于自己的位置了，一场高中入学考试的排名顿时让我泯然众人矣。

坦白讲，在进入高中之前我没有想过自己以后会考上清华北大这样的国内顶尖名校，我觉得自己能够考上武汉大学这样的985高校就已经很满足了。但是这一切的改变源于高中分科后的新班主任和我的一次谈话。这个社会好像就是对理科过于偏爱，在学校也是这样，分科之前的很多优秀学生都不愿意选择文科都跑向理科实验班，所以文科实验班显得有点人才不足，所以我这种中等偏上的学生有了出头之日。一次很不起眼的周考我突然考到了班级的第一名，而且和第二名拉开了比较大的差距。作为一匹突然出现在公众视野的黑马，班主任当着全班所有人的面表扬了我，我内心真的超级开心。

课后，老师就喊我出去问我的理想大学是什么，我清楚地记得我当时说的是一本学校，当时老师苦笑了一下让我很是不解。过了一会儿，他突然表情变得严肃，说现在你已经处于高一下学期了，是时候该对自己的未来做一些规划了，学习绝对不可以有"当一天和尚撞一天钟"的状态。近几年我们学校每

一年都会有几个尖子生成为清华北大的学生，其中肯定至少有一两个文科生，你有没有想过自己呢？这一下把我完全问懵了，因为这是来自小农村的我从未敢想过的话题。我沉思了许久，默默地摇了摇头。老师见我的脸刷的就红了，就让我先回去好好想想这个问题。那一晚我彻夜未眠，甚至我想起了比我大两届的一

◀正在思考的王宇

位郑学长的一句话："如果清华在河南省只招一个人，那么这个人为什么不可能是我呢？"坦白来讲，在全校几千名师生的面前有如此豪言壮举，这是得拥有绝非等闲之辈的气魄才能做到。在思虑良久之后，心里有一个声音告诉我自己，也许我真的可以冲一冲北大清华，毕竟梦想还是要有的，万一实现了呢？

在那之后，其实我整个人对学习的态度也有了很大的转变，以前觉得自己在班里只要还凑合就满足了，但是在那之后我要在每一门学科上都尽量做到最好，缩小和他人之间的差距。这次谈话给我未来感觉不确定的人生又重新点燃了一盏照亮前方的明灯。大概也就是从那时开始我渐渐把自己的全部重心都放在学习上面，因为我感觉自己可以为自己的将来赌一把，哪怕我最后没有成为别人眼中的大赢家，但起码我没有自暴自弃，这样想来也是值得的。

可能是真的用心在学习，我渐渐稳住了在班里面前十名的位置，所以我也就成为培优队伍里面的"常客"，我们有他人羡慕的自豪却也有自己的烦恼，因为同样的时间我们每周要比正常的同学多考一次全六科的周考加上老师的评讲，所以回首培优的那些日子里我都不知道什么是周末，也不记得自己有多久没有和小伙伴们一起玩耍了，这样的日子持续了好久好久，我们也都渐渐习惯了这种高强度的训练。有时候大型的假期突然闲下来了，反而感到有一些无所适从了。

可能是长期的受虐在作怪吧，谁知道呢？转眼之间我们就从稚嫩的高一新生转变成沉默寡言的高三备考生。因为对我们这些农村的孩子而言，高考就是"鲤鱼跃龙门"唯一的机会了，只有通过高考我们才能摆脱现状，才能让自己、让我们的家庭状况得到根本上的改变。

⊙ 从峰顶到谷底

老天爷就是喜欢跟我们开玩笑，让我们的人生遭遇像过山车一样巅峰与低谷接踵而至，有时甚至让人怀疑人生，感到不知所措。

由于高中分科之后成绩一直不错，加上清华招生组的老师来我们学校跟尖子生交流的时候我表现得比较积极活跃，所以我获得了一个来之不易的清华大学自主招生的资格，得知这个消息之后，所有的老师和同学都向我表达祝贺之意，然而我自己知道这是幸福的开始也是噩梦的来临。因为我需要先通过清华的自主招生笔试考试，才能获得面试的资格。所以，从那天开始每天课外的时间甚至周末的空闲时间，语文老师和数学老师就轮番对我进行自招培训，我经常一个人被关在狭小的自习室里面琢磨各种偏难怪的自招题目，有时候还忍不住吐槽变态的出题人。那段时间，我真的感觉自己完全就像是一个机器，每天都在高速运转。

所幸最后我顺利通过笔试考核，然而噩梦依然还在继续，因为还有更严格的面试在等着我，于是一轮又一轮的模拟面试不断向我轰炸，当时我真的好盼望面试快点来临，真的有"早死早超生"的想法。后来来到北京参加面试，那是我第一次来到帝都这个神圣的地方，对周围的一切都充满了好奇心，心态莫名轻松，好像自己逃离了多年来压抑着的苦海一样。感觉在北京的时间过得很快，面试也发挥得还算不错。结果出来了，我获得了清华大学25分的加分优惠，我心里那块大石头总算是落下了，接下来就该好好准备高考了，按照我平时的水平发挥，正常情况下有了这25分考上清华那应该就是板上钉钉的事情了。当时这个消息几乎全校人尽皆知，我感觉自己也像是被推上了悬崖边，没有退路了。

事实证明，所有的汗水都不会白流，你所付出的一切老天都会以另一种方式还给你。

在2014年的自主招生笔试和面试双重筛选下，我们学校的十几名同学都"牺牲"了，只有我获得了清华大学的25分降分，其中体能测试的5分真的是上天赐予的，我平时就是喜欢跑步运动，没想到这也能给自己的学习加分。"泰极否来"这个成语此时用来形容我的境遇恐怕是再合适不过了，"春风得意马蹄疾"的日子到这里似乎就戛然而止了，一直渴求的东西突然得到了人就会激动得有些不知所措。我发现自己似乎经常会被莫名其妙的烦躁情绪所笼罩，午休经常就是一睡不起直到下午上课铃声的响起，我才揉揉眼睛不情愿地起来。因为我的脑海里一直有这样一种声音："王宇，你已经比别人多25分了，反正多睡一会，少刷两套卷子也是没有关系的。"当然在这期间老师也发现了我有些异样，也旁敲侧击地提醒了我好几次，警告我在这最关键的时候千万不能放松。虽然上课状态大不如从前，但是还是能够在班级保持较有优势的地位，所以我也没觉得这有什么大不了的。

这一切也没有人知道是为什么，也许是得到清华降分的过于兴奋而懈怠了，也许是我一直绷紧的那根弦突然就松掉了，也许是我过于激动跟周围人分享这份喜悦而止步不前了，对复习备考的兴趣大大降低……可能还有更多的原因吧，但是我也不想再去细究了，毕竟这一切都过去了。

基本上就是这样持续到了高考，在高考的那两天我感觉自己的脑子好像被别人拿走了一样，在考完最后一门走出考场的时候我完全想不起来我参加的四门考试就是怎么过完考试时间的。反正一切都结束了，我也就没再去想这些事情了。

高考之后到成绩出来之前我一直都玩得很嗨。6月24号夜晚，我们班的人一起约着出去唱歌，大概八点钟左右，我打开手机发现班群沸腾了，有人在群里说我们班今年高考最高分是徐同学629分，当时我的心就猛地紧了一下，我暗自安慰自己就算不是第一应该也不会差她太多的，毕竟平时考试她都在我后面的，但是我还是有一丝不安，我借口上厕所拨通了班主任的电话号码，电话通了我就直接问班主任我考了多少分，班主任说589，然后电话那头就是一片沉寂。我当时不敢相信我自己的耳朵，跟第一名足足相差了40分，平常从来不会掉出班级前三名的我这次居然考到这样一个高中三年有史以来最低的分数，不幸的是居然还是在高中生涯最重要的一次考试。

我当时没有跟任何人说就径直离开了KTV，一路跑回家，进到自己的房间打开电脑，我一遍又一遍地想为什么会是589分，会不会是老师眼花看错了，还是我的卷子被误判了，还是我的分数和别的考生的分数混淆了，我设想了可能会出差错的所有环节，因为我不相信589是我的真实分数。最后我坐在电脑前一直等到夜晚12点，高考官网上公布学生的分数，我屏住自己的呼吸，打开网站，输入自己的准考证号和登录密码，点击鼠标的来查看我的电子成绩单。当成绩单的表格显示在电脑屏幕上的时候我呆住了好一会儿。血淋淋的事实摆在我的面前，我没有理由再去逃避了。

当这一切都被我证实之后，我关掉手机，在床上整整睡了一天，不想说话也不想吃饭，爸妈这几天外出不在家，弟弟在学校住校，虽然我没有收到来自外界的任何询问，但是我感觉有无数双眼睛在看着我，看着我从风光的位置重重地摔到几乎爬不起来；我感觉有无数张嘴在窃窃私语，在谈论我现在狼狈极了的样子。在我把自己关了"三天禁闭"之后，我主动去找了班主任，我去他家跟他谈了一下午，最后我也不知道自己哪来的勇气竟然决定去分校复读，可能是心里有太多的不甘。

⊙ 有个声音在呼喊：我在北大等你

虽然整个人一度像是被秋冬的霜雪打过的茄子一样，还是要硬着头皮来准备下一年的高考。因为心里面还有一个声音一直在呼喊：我在北大等你来。因为是尖子生，所以我比其他的

▶刻苦学习的王宇

复读生开学提前很久，这也让我避过了周围
亲戚的询问，至于七大姑八大姨的"热切问
候"，就全部交给我妈妈来打发就好了，我
是实在羞愧地不知道怎么面对周围的人。在
高四的这一年，我和来自全县的（还有个别
外县的）形形色色的复读生一起度过。

　　因为是复读，所以我没有退路可以选
择，于是我选择每天五点钟起床、跑操、早读、上课、午休、
作业、上课、晚自习到十一点半和自己的小台灯一起回寝室睡
觉，基本上春夏秋冬我的作息规律就一直是这样，有人可能会
说这也太枯燥无聊了吧，然而被试卷读书充斥着的我完全就没
有时间和精力来抱怨复读生活的单调。偶尔可能会在晚自习之后
去小卖部买些零食充饥，这算是一天学习中最享受的调剂了。

　　其实经历过高考失败这样一个重大的挫折，也让一向锋
芒毕露的我学会了更加低调踏实地做事，所以高四这一年我很
少去关心自己在每次考试中的名次，不出意外每次都是第一，
有时候也会被某个学霸赶超过，但是差距也不大。我唯一在意

的是我今天花了多少有效的时间在学习上，我开始变得斤斤计较，一旦我在某一件鸡肋的事情上花费过多的时间我就会从心底里谴责自己，甚至有时候夜晚还会因此而失眠。因为我输不起，我害怕重蹈高三的覆辙。

可能是因为高四真的准备比较充分，所以在高考的考场上我还算能够轻松地应付出题人，事实证明我这一年的汗水真的没有白流，最终取得了620分的好成绩，最让我高兴的是我一向引以为傲的数学考了满分150分，而且又获得清华大学自主招生的资格，并顺利通过笔试和面试最后又获得25分的加分优惠。这样的人生在别人看来就像是开挂了一样，但是外人不知道的是这样的"开挂"不知道是多少汗水与泪水才换来。但是最后在填报志愿的时候我并没有选择清华，而是来到了相对来说更加自由的北京大学，希望在这片土地上我的天性能够得到更大的挖掘和释放。现在如果再给我一次机会我还会义无反顾地选择北大，选择燕园这个充满人文气息的园子。

高四这一年虽然不像炼狱那么夸张，但是其中的酸甜苦辣也只有自己能够真正体会到。我感谢这一年努力付出的自己，是这份努力给我带来了最后成功圆梦的幸运。

学习"小窍门"

⊙ 文综是文科生的半壁江山

高考之后也有很多人问我，你学习有什么诀窍吗？坦白讲学习肯定是需要方法才能达到事半功倍的效果，但绝对来不得半点虚假。我就以文科综合为例跟大家简单交流一下我的学习"小窍门"。

可以毫不夸张地说，文科综合就是文科生的半壁江山，要想学好这三门课可以说堪比蜀道之难。文综要想学得差很难，要想学得好更难，要想在文综中拥有立足之地，首先要做好背书的心理准备。这里我所说的是背书而不是读书，为什么我要这么说呢？因为读过的书你忘记的可能性很大，但是背过的内容在你脑海里面的记忆相对来讲就比较深刻了，所以背书对于学习文综来讲效果更好。用我们历史老师的话来说就是，高考题都是来源于课本，但又高于课本。很多时候考试内容和课本看似没什么关系，但是如果静下心来研究课本，你会发现课本里面有很多答案的影子以及被自己忽视掉的重要知识点。

政治的四本书我虽然不是倒背如流，但对于书上的每一点知识和框架结构我都能说出来。其实我就是在背了文综的必修课本后，才觉得自己的成绩有了很大的进步，所以我建议学有余力的同学背一下课本。当然有些知识点较零散，我们不可能把课本上每个字都背下来，所以背诵前一定要做好筛选工作，提取有价值的精华部分，这其中的奥秘可能就需要自己去琢磨了。

其次，列提纲是系统学文综的有效方法。政史地知识较为零散，课本之间的关联性较大，需要建立框架梳理脉络，对知识建立起整体性宏观性的理解，详细完整的提纲可以避免知识点的遗漏，同时也便于背诵，尤其在考试的时候有利于我们进行快速的知识筛查与迁移。

还有，就是希望每一位文科生都能有丰富的想象力。每一个思路开阔的人往往都是想象力丰富的人，联想思维比较发达，知识迁移能力强。充满想象力的人在答完基础答案后常常会给出一些意料之外的补充答案，即使有些是让人啼笑皆非的，但是慢慢地坚持去想，你的答案会越来越完整，考虑问题会越来越全面，思维会越来越灵活。不怕想得奇怪，就怕你不愿意去想，毕竟奇思才能有妙想嘛！敢想才敢写，才能锻炼自己的思维能力。

此外，错题本和笔记本是我们高中学习路上不可缺少的两位小伙伴。人们经常说会记笔记和用笔记的人成绩一定不会太差，而事实也的确是如此。但是真正把这两个本子记好用好的人却并不多。笔记本最重要的是要有条理，详略得当，记的有重难点的区分。那么错题本最重要的是什么呢？是解题过程！记错题时候千万不要太过于吝啬，要学会留白，日后在翻看的时候有新的想法可以写在旁边，或者同类型的错题可以放在一起进行比较。最后但也同样重要的一点是，不管笔记本还是错题本我们都要经常翻看，巩固记忆，加深理解，把本子上的内容一点点地转移到我们的脑海里。

⊙ 年轻是什么都换不来的

每个人的人生轨迹都是独一无二的，但是我们还是可以从别人的经历中吸取到或多或少的经验教训。我还想就我自己的人生经历给大家一些小建议：

我们曾经走过的每一段路，都是冥冥之中铺就的通往某个能够给我们惊喜的目的地。不管你曾经遭遇过多少次的失败，甚至被无数人嘲讽，你都要知道这些都像空气中的尘埃一样，下一秒就会随风逝去，更重要的是你得学会聆听自己内心的声音，我做的这一切都是为了什么，我的目标有没有达到，我下一步究竟往什么方向走才能到达我真正想去的地方。

这么多年我最深的感触就是习惯真的会影响一个人的命运，从小到大的学习习惯、生活习惯，很多都成为我们现在必不可少的一部分，尤其到了大学，这是一个自己管自己的地方，你每天要做些什么完全由你自己来决定，你可以选择上进你也可以选择堕落，没有人去干涉你太多，但是最后你需要承受这么做带来的所有后果。所以拥有良好的习惯的人进入大学会过得十分自在轻松，同时还能收获更多。

年轻是什么都换不来的，趁着自己的大好青春还在的时候尽可能地做更多的尝试，体验更多的可能性，最好能够明确地摸索到自己感兴趣的领域或者方向，这样你在面对周围的诱惑和纷繁的选择的时候就不会陷入十分纠结的境地，能够更明确自己想要

◀朝气蓬勃的王宇

什么，想做什么，想成为一个什么样的人。这样就能够避免我们在前行的道路上走更多的弯路，我们也可以尽早地到达拥有无限风光的险峰，实现自己的目标，当然我所说的这一切都是建立在一个大前提之上，那就是你需要学会付出努力，努力可以弥补我们很多的不足，甚至会给我们带来意想不到的运气和惊喜。

 **王宇致未来的学弟学妹**◀

　　我们虽然不是只为自己而活，也牵动着周围的很多人，但是关系到人生中十字路口的重要抉择时，我们还是要慎之又慎，因为十字路口的每一步都有可能改写你人生的轨迹，所以我们要学会为自己的未来打算。每一个人在达到自己的理想或者目标之前都会付出相应的努力，我们也不例外，如果你真的想坐享其成，除非你有资本抑或是你就打算自暴自弃地窝囊一辈子。我始终紧信，"越努力越幸运"，希望我们都能成为那个最幸运的人。

十一 —— 橡实的力量

Part 11

来 ， 拉 你 进 北 大

这个女孩，

她在高考中发挥得并不出色，

但她凭借之前获得的北大自主招生的加分，

进入了梦寐以求的高等学府。

李祎雯

2016级北京大学历史学系
2016年江苏省高考文科第138名
座右铭：That I exist is a perpetual surprise which is life.

记得高二时，有机会到北大参加史学夏令营，那时的北大是梦想却离自己有些遥远，总感觉这也许是我此生离北大最近的一段时光了；高三高考结束来北大参加自主招生，亦觉得能参加自主招生已是极大的运气而并不指望能得到北大的加分；甚至在大一刚刚入学的日子里，有的时候在校园里骑车还会有一些不真实感。毕竟这一路走来，虽然算不上坎坷，倒也是跌跌撞撞，但现在回想起来，我遇到了如此负责的老师们，又有来自父母的无限关爱和包容，加上自己虽然并不是最勤奋的学生倒也还愿意努力，也有着一些自己的学习心得，考上北大又不似偶然了。

来自激励的自信心

⊙ 平凡的我

从小到大，我都不是人群中最出众的一个：长得不丑，但也称不上漂亮；成绩不错，但也很少能考第一；有不少的兴趣，但却远远算不上特长；算得上聪明，却也不是智商超群的天才……这样的我，就像是橡实一样，外壳坚硬，但却不是好的木材。

我曾经在小学五年级考虑过跳级，跳过六年级直接上初中，因为我听说邻居家的哥哥曾经跳过级，觉得跳过级的人都很帅，而且六年级的课程对当时的我来说也并不困难，完全可以通过自学完成。这差点成为我人生中少有的很非凡的经历，可是我的跳级计划还是在全家人的反对声中夭折了。当时还难过了一阵子，大约就是那种想做一件轰轰烈烈的大事却不被人理解和支持后的苦闷，但现在想想却也觉得庆幸当时我的家人没有支持我这种幼稚的想法，因为那时候的我大概有些不知天高地厚地以为自己有多厉害，若是再让我成功地跳了级，恐怕我会更加飘飘然，忘乎所以，自以为自己有多么了不起，一切都可以凭借自己的那一点小聪明解决，而忘记了最基本的脚踏实地。

⊙ 不普通的"纠错本"

小学在一所以素质教育著称的学校度过了愉快的六年，每天放学后几乎没有作业要带回家做，初中却进入了一所严抓学习的学校，并进入了一个各科老师都最为严格的班级，但是这三年中我真的收获了很多。

初中的时候我是数学课代表，很自然地受到了来自数学老师的更多的期望。我到现在还记得有一次月考，我的数学考得极差，并不是不会做的问题，因为试卷上最难的几道题我全都做对了，可能是因为考试的时候心不在焉，又或者是天生神经大条，出现了很多很低级的错误，诸如非常简单的计算错误，甚至还有把数字抄错这样的疏漏，这是我的数学老师所不允许的。评讲卷子的时候，每每讲到我做错的题目的时候，她都会"怒瞪"我一眼，然后用她不太标准的普通话来一句满含着恨铁不成钢意味的"课代表同志啊"，以至于后来的几乎每一场数学考试，我在拿到卷子的时候，脑子里都会飘过一句"课代表同志啊"，然后好像就真的能静下心来好好读题，好好考试，虽然还是会有低级错误，但是却不会出现如此大面积的低级错误了。

其实最初班上的同学都不是很喜欢她，觉得她作业多，人又比较严肃；还逼着我们记笔记、写纠错，连笔记本和纠错本都要收上去检查；对解题的步骤要求也高，必须按照她说的来写，不许跳步；还喜欢时不时来一趟限时训练，弄得大家精神紧张。但是后来才发现，我们全班同学做题的速度都明显加快，而且又快又准确，过程也很规范，不容易因为一些细小的步骤问题被扣分。至于做笔记，我高中的时候曾经被一个老师夸奖说我的笔记记得像艺术品，想必也是因着初中时的训练了。

她还喜欢发一些奖励，月考满分的同学或者进步很大的同学都会获得一本很精致的奖励本子，扉页写的是"奖给月考数学成绩优秀者某某某"，我初中三年收获了一摞的本子，都舍不得用，一直摆在我的书橱里，高一有段时间对学习不是很上心，尤其是数学成绩很糟糕，差点不能及格，差点就要对自己丧失信心了，我妈把这一摞的本子搬出来，说："你看数学曾经那么好过，你不要辜负刘老师的期望哦。"后来就开始很用心地学数学，把初中时候被老师逼着养成的写纠错本的习惯又重新拾了回来，数学成绩好转了很多。

高三搬家的时候扔了很多东西，但这些本子却是我第一批就搬到新家去的。除了每次月考的奖励本子，如果累计十次作业或者限时训练完成得全对可以去她那里领一张北大或清华的明信片，上面是她写给每个同学的寄语，我高中放在书桌相框里的明信片就是她送给我的。虽然都是一些小小的奖励，但是它们却在很多时候给了我信心。

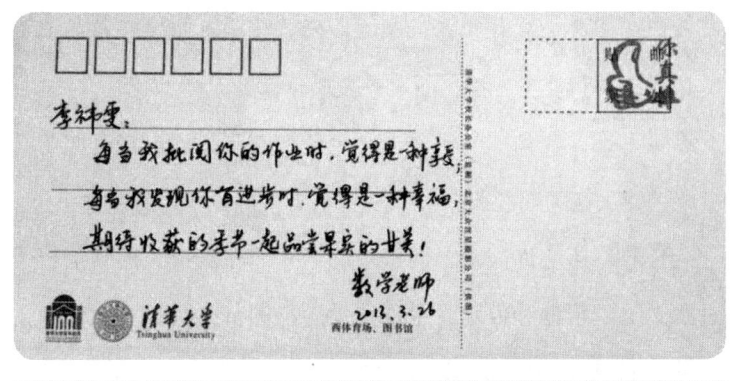

▲数学老师的鼓励

圆梦路上的温暖

⊙ 不约而同的鼓励

上了高中以后，我觉得自己反而和她更加亲近了起来，当时选择从理科班转去文科班的时候，我还专门给她打了电话，征求她的意见，她替我分析了利弊，并鼓励我跟随自己的兴趣。

中考之前她曾经对我们全班同学说过，她以往的男学生中有人去了清华，也有人去了北大，女孩子却还没有，我们可能会是她教的最后一届学生了，所以她希望我们这一届里能有女孩子替她完成梦想。她说出这些话的时候，我就暗暗下定决心要成为那个替她完成梦想的学生。所以才会把她送给我的北大明信片放在相框里，摆在书桌最显眼的位置。

除了她，我初三的语文老师也曾经对我讲述过自己因为几分之差错失南大的经历，并鼓励我至少要把目标定为北大……

另外，还有许许多多的曾经的老师们在我成长的路上给予过我无限的帮助和鼓励，也许我最后能圆梦北大，与他们的关怀是分不开的。

⊙ 悬崖式降落

虽然一直以来都受到了来自老师们的"偏爱"，但我在高一的时候有过一度很厌学。因为中考的成绩还可以，就被分到了学校的实验班，生性散漫的我不是很能适应实验班快节奏的学习模式，逐渐从班上的上游滑到中上游，又从中上游滑到了中下游，还有两次差点堕入班上的后十名，而纵观学校以往的高考记录，能进清华北大的不会超过十个人，我似乎离自己的目标越来越远了，我感到很迷惘，很担忧，却又不想付出太多的努力，也许因为我一贯就不是一个非常勤奋的学生，到中考结束的好成绩都是靠着一些小聪明取得的，但我一直以来引以为豪的小聪明到了高中却行不通了，没有了初中老师逼迫般地让我们做纠错，我也把这个好习惯抛诸脑后。

随着成绩的不断下滑，我开始不喜欢去学校，而且甚至开始条件反射般地一上物理课就想睡觉。课后也不想写作业，通常都是糊弄过去拉倒。因为平时学习不扎实，所以惧怕考试，每次月考的那天早上甚至会焦虑到吃不下早饭，或者吃一点点就想吐。考试的时候，尤其是一些理科的考试，我坐进考场就开始慌，考试的时候也根本没有心思，以致每次我的理科成绩都是惨不忍睹。那段时间拿得出手的大概只有几门文科的学科，靠语文和英语替我拉分，才使我不至于在班上处于一个垫底的位置。

⊙ 走近梦想的地带

高二的时候，我们学校第一次开设文科实验班，我几乎是逃离般地从理科实验班转入了文科实验班。分班以后，因为是从理科实验班转来的，所以从最初就被班主任当成种子选手来培养。文科班的进度要比之前在理科实验班慢很多，有很多内容都是我在高一已经学过一遍的了，加上物理化学这两门我最头疼的学科从高考科目变为学测科目之后难度的大幅度降低，使我在文科班即使保持之前的散漫态度也依旧可以保持文科前十，甚至前五名的成绩。

高二依旧是稀里糊涂地过去了，我甚至快要忘记书桌上那张北大的明信片对我来说意味着什么了。而且因为年级排名比较靠前，历史成绩又一直比较好（可能因为即使高考要考，但毕竟是算等第的学科，同学们高二一年都不太重视历史），高二的暑假我申请通过了北大历史系举办的第二届"史学夏令营"。历史成绩成了那时的我的一大优势，给了我一次走入燕园的机会。就像是橡实，虽然不适合做木材，但却适合作为炭火，甚至还能入药，这常常被人忽视的平凡的果子，其实也有属于自己的优势啊！在燕园的一周，我第一次深入地了解了这所我曾经无数次信誓旦旦说着想要来到的地方，心中快要熄灭的北大梦又重新开始燃烧，并且比之前的每一次都要热烈。

回家后我就去了解了一下我们学校往年文科录取北大清华的情况，作为一个文科历来都是弱势的学校，我所在的高中几乎年年都是一个人，个别惨淡的年份甚至没有文科生能考上北大清华。这也就意味着我要考到学校的文科第一，或者至少是和第一的分数差距很小的第二，才有可能考上北大清华。

我开始改变以往散漫的态度，回家也要学习，但又忍不住想要玩，刷刷微博什么的，所以每天睡得很晚，导致了第二天的课上昏昏欲睡，效率低下，反而不如高一高二了。再加上到了高三，同学们都开始发奋，高三上学期我甚至有连续的两次月考跌出了文科前十，分别到了二十几和三十几名，这对我来说是非常恐怖的成绩，所以那之后我就把手机上交给了妈妈，以保证自己每晚在家自主学习的效率，也不让晚上自主学习影响到睡眠。

我也改变了策略，我不再做新的题目，而是重新重视起了纠错，我把每天做错的题目都抄下来，然后不看订正的答案重新做一遍，甚至找到了以前的错题，重新翻出来整理，并把相似类型的题目标注出来，以便以后翻看起来方便。做纠错的效果很显著，后面的一次月考我就回到了文科第二名，而且只比第一名低了一分。后来我的成绩基本就稳定在了文科的前五名，而且以前三名居多，与第一的分数差距也一直控制得很小。

因为江苏高考只算语数英三门的成绩，语文英语波动不会特别大，所以基本上只要数学成绩能稳住，就不会有多大的问题了，所以高三最后是花了大量的时间在数学上的，最后我的三门中也是数学考得最好，可能的确是与我付出的时间有关的，那时的我，就像是一颗小小的橡实，虽然小，却很坚硬，充满力量。当然，注重总结而不是盲目地进行题海战术也是很关键的。但是现在想来，如若我从高一起就多花一些心思在学习上，可能高三就不会那么辛苦，最后高考的成绩也能更加理想一点，不必通过自主招生的加分才能进北大了。

不一样的家

⊙ 和妈妈聊男孩子

当然，我觉得我父母对我的影响也很大，他们不是那种很注重我成绩的家长，很少会给我压力，也不喜欢拿我和别人家的孩子比，甚至反感别的家长拿我去跟他们的孩子比。妈妈是小学老师，很多同学觉得她会在家给我额外的辅导，但实际上她很少管我的学习。我几乎从来没有因为考试成绩不理想被妈妈批评过，即使有也是因为考试态度不端正这些原因，反而我经常被批评的原因是不好好吃饭，妈妈大概是属于那种宁可让我上学迟到也不允许不把早饭吃完的家长。她喜欢研究各种美食，然后做给我吃，我常常觉得我现在如此钟情于美食与她有很大的关系。我们之间感觉会聊很多一般孩子不会和家长聊的

▲身心放松的李祎雯

话题，比如我觉得班上哪个男孩子很不错，所以我的青春期好像并没有出现过什么很不正常的逆反的行为，反正什么都可以和妈妈说，而且妈妈有的时候思想比我还要前卫一点，没有什么负担，也没有什么需要隐瞒的。

⊙ "啊？你们又考试了！"

我爸爸对我的学习方面的影响会更大一点，他很喜欢历史，从我很小的时候就开始给我讲历史故事，小学的时候《明朝那些事儿》在网上连载，他就带着我每天等着更新，他还喜欢带我去逛博物馆，去哪儿旅游都要去博物馆里看看，甚至到了高三，他还会在我晚自习结束回家以后带我看一集一部叫《中日百年战争全纪实》的纪录片，可以说我对历史的兴趣几乎全部来自于爸爸。

但是对于我的成绩，他似乎也和我妈妈一样采取不怎么关心的态度，甚至常常在我月考以后回家向他们汇报考试成绩的时候他才很惊讶地来一句："啊？你们又考试了啊！"就算在我高考的那三天，他们也没有任何不一样，照常去上班，得知我自主招生获得北大降本一线录取的优惠的时候也就淡定地"哦"了一声。也许他们其实很激动，只是在我面前对我的成绩佯装淡定，但我还是很感激这份淡定。我见过不少家长每天很焦虑地拿着自己孩子的成绩比来比去，弄得孩子也紧张兮兮，每次考完稍微感觉不太好，分数还没出来就揪着一张脸，好像世界末日就要来临一样。

然而很多时候，考试考的是知识，是能力，也是心态。我除了高一那段灰暗时光里，几乎从来没有在考试前有过过分的忧虑，而是以一种比较轻松的态度去应考，这可能也是我每到重要的考试反而会发挥得比平时更好的原因吧。

　　凭借自主招生加分进入北大的我，高考中的发挥并不够出色，远远做不到任性地决定自己想去哪里，但我仍然记得高中三年被我放在相框里，摆在书桌上的是一张北大的明信片，高三百日誓师的时候我在全校同学面前大声喊出的是"我要上北大！"

　　只要你想，你也可以！

来，拉你进北大
Lai,Lani
Jin Beida

燕园，不只是天才的殿堂
北大，不只是学霸的梦想
曾经的"学渣""不良少年"
成功逆袭，做了"北大人"
普通的你，也可以，只要你想来！
真实的故事，散文的语言，实用的方法，带你进北大！

　　入选本书的11篇故事，篇篇生动感人。故事中的主人公和你一样的普通，没有一个学霸，考试的成绩曾经还不如你，可他们偏偏就闯进了北大。读一读他们的故事，其中的经验或许可以引领你也走进北大。而且，散文式的风格，能让你一边读故事，一边享受散文的语言美。试试吧。不试，怎么知道不能呢？

上架建议：中学生学习指导
ISBN 978-7-5168-1511-3

9 787516 815113 >

定价：29.80元